와인의 문화사

차례
Contents

처음으로 와인을 마신 이는 누구인가

 와인이 처음 만들어진 곳은 어디인지 분명치 않다. 와인에 대해 연구하는 학자들과 고고학자들이 그 자취를 찾아 전 세계를 헤맸지만 어느 누구도 언제 어디서 최초로 와인을 만들었는지 명확하게 알아내지 못했다. 다만 누군가가 흘린 포도즙이 자연 발효되어 와인이 되었으리라는 추측을 할 뿐이다. 학자들은 고대의 흔적들을 통해서 페르시아 서부나, 혹은 서남아시아에 가까운 어느 지역에서 처음으로 와인이 만들어지지 않았을까 하는 결론을 내리게 되었다. 지구 전체의 역사에서 인간이 등장한 지는 그다지 오래되지 않았다. 인간이 글로 기록을 남긴 역사 시대는 더더욱 짧기만 하다. 글로 기록되기 전에는 사람들 사이에서 입에서 입으로 신화와 전설, 이야기들이 바람처럼 흘러 다녔을 것이다. 후세의 시인과 역사가들은 구전들을 기록하기 시작했다. 그렇게 해서 남아 있는 고전들이 성경과 『일리아드』 『오디세이아』 같은 글들이다. 지금은 누구나 와인을 쉽게 접할 수 있지만 초기의 와인은 평범한 자들을 위한 술이 아닌, 왕과 제사장 등 권력자들이나 고귀한 이들을 위한 술이었다. 그 흔적들을 좇아 신화의 세계로 들어가 보자.

신화 속에 펼쳐진 이야기를 전부 진실로 받아들일 수는 없다. 그 옳고 그름을 따지기 앞서 기록된 바에 의존하자면 최초로 와인을 마신 인물은 노아였다. "노아가 농업을 시작하여 포도나무를 심었더니 와인을 마시고 취하여 그 장막 안에서 벌거벗은지라"라는 창세기의 구절을 보면 와인을 만든 이는 노아이며, 가장 먼저 취했던 이도 노아이다. 학자들의 연구에 따르면 노아의 방주가 머무른 곳은 현재의 이란 서부 지역에 위치한 엘부르즈산山을 비롯해 몇 군데가 유력한 후보지로 떠오르고 있다.

와인의 역사와 연관지을 때 이는 어쩌면 우연이 아닐 것이다. 메소포타미아 지역에서는 기원전 4000년 후반에 기록된 점토판이 발견되었다. 메소포타미아 지역에 정착했던 수메르인들이 남긴 기록이다. 그들은 농경 기술이 뛰어났던 것으로 알려져 있다. 이 점토판에는 길가메시 왕에 대한 기록이 남아 있다. 수메르 역사에서 노아라 할 수 있는 우트나피슈팀의 일화는 노아의 이야기와 유사하다. 『길가메시 서사시』에서 우트

나피슈팀은 길가메시 왕에게 방주 이야기를 들려준다. "일꾼들에게 에일ale과 맥주, 그리고 오일과 와인을 강물처럼 마시도록 했다"는 것이다. 대홍수가 일어날 때를 즈음해서 와인을 마시기 시작했다는 전설은 적어도 옛날 옛적 언젠가 이 지역에서 벌어질 수도 있었던 일임을 상기해 준다.

이와 비슷한 신화가 페르시아에도 전해진다. 페르시아 신화에서 와인을 처음으로 마신 인물은 잠시드 왕이었다. 잠시드 왕은 포도를 좋아해서 항아리에 보관해 두었다가 먹곤 했다. 어느 날 포도가 상해 버려서 독약이라고 써 붙여 두었다. 그런데 우연한 일이 벌어졌다. 두통에 시달리던 하렘의 여인이 찢어질 듯한 고통에서 버티느니 차라리 죽는 게 낫겠다 싶어서 독약을 마신 것이다. 취기가 올랐는지 그녀는 이내 잠이 들어 버렸다. 그런데 잠에서 깨어 보니 두통이 씻은 듯이 사라진 게 아닌가. 이렇게 해서 페르시아 신화에 와인이 등장하게 된다.

우연의 일치인지 노아, 길가메시, 잠시드 왕이 등장하는 지역은 현재의 이란 일대로 추정된다. 포도를 재배해서 와인을 만들었다기보다는 우연히 발효된 포도가 와인이 되었으리라는 추측이 더 설득력이 있다. 고대 전설들은 와인이 주는 축복을 어느 영웅적인 개인에게 돌리고 싶었을 것이다. 이런 여러 가지 사실들을 통해 추측해 볼 때 이란 서부 자그로스 산맥 주변에서 최초로 와인이 만들어진 것이 아닌가 하는 이야기는 설득력을 지니게 된다. 이후 와인은 서서히 세계로 퍼져 나갔다. 나일 강의 축복을 받은 파라오를 위하여, 배를 몰고 지중해를 누비던 그리스의 모험가들을 위하여, 쾌락에 빠진 로마의 황제들을 위하여, 그리고 로마 문화를 받아들이면서 문명화되어 간 게르만족의 권력자들을 위하여.

디오니소스, 그리스에 포도나무를 심다

> 카드모스의 딸 세멜레는 그분과 사랑으로 교합하여
> 당당한 아들을, 많은 즐거움을 주는 디오니소스를 낳아
> 주었으니,
> 죽게 마련인 여인이 불사의 아들을 낳았던 것이다.
> — 헤시오도스의 『신통기』 중

신은 인간에게 와인을 선사했다. 서구 사회에 와인을 가져다준 신은 디오니소스이다. 로마신화에서는 바쿠스라고 부르지만 그리스에서도 바쿠스라고 부른 지역이 있다. 지중해권에서 두 이름은 때로 혼용되었다. 와인은 디오니소스를 통해서 인간들과 친숙해졌다. 올림푸스의 열두 신들 중에서 이름 자

체에 신이라는 의미를 담고 있는 건 제우스와 디오니소스, 둘뿐이다. 주신主神 제우스는 말 그대로 '신'에 어원을 두고 있으며, 주신酒神 디오니소스는 '니사의 신'이라는 뜻이다. 증오에 가득 찬 헤라의 눈초리를 피해 니사Nysa의 요정들 손에서 자랐기 때문이다.

크로노스의 아들(son of Cronos) 제우스는 큐피드의 화살을 가슴에 맞고, 수영을 하고 있던 테바이의 공주 세멜레와 사랑에 빠지고 만다. 황소나 사자의 모습으로 변신해서 나타난 제우스는 헤라와 이혼하겠다고 말하면서 세멜레와 결혼을 약속했으며, 세멜레는 아이를 갖게 되었다. 이 사실을 눈치 챈 헤라는 세멜레 앞에 하녀로 변신해서 나타났다. 그리고는 제우스에게 본래 모습을 보여 달라는 청을 하라고 꼬드긴다. 그는 어떤 청이라도 들어주겠다고 맹세한 탓에 세멜레의 간청을 거절할 수가 없었다. 크로노스의 아들은 번개의 형상으로 나났고 인간인 세멜레는 이를 마주한 탓에 타 죽고 말았다. 사람들은 강한 번개가 테바이의 왕궁으로 떨어지는 모습을 보았다고 한다. 제우스는 자신이 사랑하던 연인을 자신이 지닌 강력한 힘으로 죽이고 만 것이다. 세멜레의 뱃속에는 아직 태어나지 않은 아기가 있었다. 제우스는 칼로 자신의 넓적다리를 가른 다음 그 안에 아기를 집어넣어 두었고 때가 되자 아기가 태어난다. 그러나 헤라의 질투심은 사그라지지 않았고, 디오니소스의 방황으로 점철된 삶이 시작된다.

디오니소스가 어디에서 태어났든 간에, 디오니소스는 외국에서 왔거나 그리스를 떠나 있다가 그리스로 돌아왔다. 올림푸스 신들 중에서는 유일하게 외래신인 것이다. 도취와 광기의 신 디오니소스는 트라키아에서 온 것으로 알려져 있다. 와인이 에게 해를 건너서 그리스로 넘어왔듯이 디오니소스도 포도나무와 함께 그리스로 온 것이다. 이런 점에서 디오니소스의 등장은 와인이 대중화되어가는 그리스를 상징하는 것이기도 하다. 과거에는 그다지 중요하지 않았던 와인 산업이 발전하면서 풀 한 뿌리, 돌 한 조각에도 신성을 불어넣으려 했던 그리스 사람들은 디오니소스라는 신을 창조해낸 듯하다.

니체는 낮과 아폴로를, 밤과 디오니소스를 비유했다. 아폴로가 이성을 수호하는 존재인 데 비해, 디오니소스는 매우 감정적이고, 도취되었으며, 광기를 지니고 있다. 자연을 환희로 가득 채우는 봄이 찾아오면 사람들은 도취 속에서 디오니소스적인 흥분에 빠지게 되고, 흥분이 고조되면서 자기 망각 속으로 사라져 가게 된다. 디오니소스 제식을 통해 피와 와인은 서로 연관을 맺고 있기 때문에 요한은 디오니소스와 예수를 연관지었으며, 니체도 찢겨 죽은 디오니소스와 십자가에 못 박힌 예수를 비교할 수 있었다. 호메로스는 와인에 대해서는 자주 묘사했으나 디오니소스라는 이름은 거의 사용하지 않았다. 그러나 호메로스 직후의 인물이었던 헤시오도스는 "디오니소스의 선물을 독에 담도록 하시라"면서 주신의 이름을 직접적으로 언급했다.

제우스와 세멜레 사이에서 태어난 디오니소스는 주요 신들

중에서 유일하게 신과 인간을 동시에 부모로 두었다. 태생적
으로 신과 인간의 양면성을 지니고 있었으므로 디오니소스는
와인을 통해 하늘과 땅, 신과 인간 사이를 이어주는 운명으로
살게 되었다. 그래서 디오니소스는 선량함과 잔인함이라는 이
중성을 지니고 있다. 인간에게 용기와 자신감을 불어넣기도
하지만, 취하면 광기에 휩싸이고 난폭해지기도 한다. 이 모두
는 신과 인간이라는 두 가지 요소를 지닌 디오니소스로 인해
벌어진 일이다.

　　그래도 와인을 가져다 준 디오니소스는 그리스에서 가장
인기가 높은 신이었다. 그리스의 모든 식민지에서는 포도 재
배가 가능했다. 그들은 어딜 가나 주신을 잊지 않았고, 와인을
마실 때마다 디오니소스에 대한 경배를 잊지 않았다. 디오니
소스는 인류에게 쾌락이라는 기쁨을 전해 주었다. 와인 말고
도 꿀을 선물해 주었으며, 포도 재배 방법을 가르쳐 주었다.
그의 주변에는 언제나 반인반수의 목신 사티로스들이 있었으
며, 광적으로 숭배하는 여성들이 따라다녔다. 메소포타미아와
이집트에도 와인과 관련된 신화들이 있지만 그 모든 것들은
그리스 와인에 비교하면 예고편에 불과했다. 와인은 그리스에
와서 국민 음료가 되었으며, 삶과 죽음의 상징이 되었다. 디오
니소스는 이 모든 것들을 통괄하며 인간들 옆에서 친숙한 존
재가 되었다.

　　포도나무와 관련되어 다음과 같은 신화가 전해진다. 어느
날 디오니소스가 길을 가다가 나뭇가지 하나를 발견했다. 둘

데가 마땅치 않았던 그는 이를 주워 새의 **뼈** 속에 감추어 두었다. 그리고는 나뭇가지를 다시 사자 **뼈** 속에 옮겨 두었다가 마지막으로 당나귀 **뼈** 속에 감추었다. 이 나뭇가지가 땅에 심어진 최초의 포도나무가 되었고 와인이 만들어졌다. 그래서 사람들이 와인을 마시면 처음에는 새처럼 재잘거리다가 다음에는 사자처럼 난폭해지며 마지막에는 당나귀처럼 우매해진다는 것이다.

그러나 포도나무의 기원은 절친한 친구의 죽음과 연관되어 있다. 어린 시절 디오니소스는 여러 무리의 소녀들과 춤을 추며 세월을 보냈다. 그 시절 친구 중에는 반인반마의 켄타우로스인 암펠로스가 있었다. 둘은 종종 사냥을 나가거나 달리기나 씨름으로 실력을 겨루곤 했다. 어느 날 암펠로스는 황소를 잡으려고 잘못 올라탔다가 황소에 끌려 다니다가 죽고 만다. 친구를 잃은 디오니소스는 슬픔에 잠겼다. 헐벗은 무덤이 추워 보였는지 암펠로스의 무덤을 포도나무로 덮어 주었다. 그 나무는 뿌리를 내리고 꽃을 피우고 열매를 맺었다.

암펠로스를 기리는 운동 시합을 하던 디오니소스는 무덤가에서 다 익은 포도를 맛보았다. 그것은 그때까지 먹었던 어떤 포도보다도 달콤하고 과즙이 많았다. 그는 포도즙을 여러 개의 컵에 모아두었다가 그만 깜빡 잊은 채로 집으로 돌아갔다. 다음날 잊고 있었던 포도즙을 맛보니 맛이 완전히 변해 있는 게 아닌가. 달콤한 맛은 전보다 못했지만 대신 마시는 사람을 기분 좋게 만들어 주는 느낌이 좋았다. 이렇게 해서 암펠로스는 그리스에서 포도나무를 뜻하는 말이 되었다. '암펠로스의 아이(child of Ampelos)'라면 역시 와인을 말하는 것이다. 사랑하는 친구의 죽음이 인간들에게 영원성을 부여했으니 이 얼마나 슬프고도 아름다운 일인가.

신과 인간 사이에 있는 디오니소스에게는 주변 사람들의 죽음 외에도 불행한 일이 그치지 않았다. 디오니소스가 아직 어린 시절 티탄족들은 그가 좋아하던 거울과 회향풀을 이용해서 그를 꾀어 냈다. 그리고는 칼로 디오니소스의 몸을 일곱 조각으로 찢었다. 티탄들은 살 조각을 커다란 솥에 집어넣고 끓여 버렸다. 그때 물에 끓이지 않은 것은 심장뿐이었고, 여전히 살아서 뛰던 심장을 아테나 여신이 구해 내서 새로운 디오니소스를 탄생시켰다. 이는 와인과 부활에 관련된 영원한 메시지이다. 베어지고 헐벗은 채 남아 있는 겨울 포도밭 풍경은 이 비극적인 신의 모습을 연상시킨다. 모든 게 잘려 나간 채 황량한 풍경이 펼쳐지기 때문이다. 그러다가 봄이 되면 디오니소스는 다시 살아나 생명을 이어 간다. 디오니소스, 오시리스, 예수는 이렇게 동일한 이미지를 갖고 있다. 희생과 부활, 죽음과 새 생명을 상징적으로 보여주었기 때문이다.

귀환한 디오니소스가 그리스에 도착해서 처음 들른 도시는 칼리돈Kalydon이었다. 오이네우스 왕의 집에서 머무르던 디오니소스는 왕의 젊은 부인으로부터 유혹을 받게 된다. 그 대가로 왕에게 준 선물이 포도나무였다. 이것이 서남아시아를 거쳐 들어온 포도나무가 그리스 땅에 최초로 심어진 최초의 사건이었다. 처음에 왕은 실망을 하면서 받아들였지만 와인의 효용성이 크다는 사실을 곧 깨닫게 되었다. 와인을 마시면 부인의 단정치 못한 행동을 잊고 기분이 좋아졌기 때문이다. 이 일화를 계기로 와인은 오이네우스 왕의 이름을 따서 그리스에서 오이노스Oinos라고 부르게 된다. 드디어 '와인의 땅(Oinotria)'으로 발걸음을 내디딘 것이다.

디오니소스는 아테네를 향해 발걸음을 옮겼다. 그는 아테네에서 그다지 멀지 않은 마을에 사는 농부 이카리오스Ikarios의 집에 머무르게 되었다. 융숭한 대접을 받은 디오니소스는 토기 항아리에 담아서 가지고 다니던 마지막 남은 와인을 이카리오스 부녀와 함께 마셨다. 그리고 부녀의 친절에 답례하기 위해 갖고 있던 마지막 포도나무를 이카리오스에게 주었다. 그러나 디오니소스가 가지고 다니던 와인에는 문제가 있었다. 토기 항아리에 담아 둔 와인은 개봉하면 하루 이틀 안에 다 마셔 버려야 하기 때문이었다. 이카리오스는 선물 받은 포도나무를 심었지만 염소가 골칫거리였다. 한눈만 팔면 여린 포도덩굴을 뜯어먹어 버리기 때문이었다. 그는 어린 염소를 잡아서 신에게 제물로 바친 다음 껍질을 벗겨 냈다. 순간 이카리오스의 뇌리에는 한 가지 아이디어가 떠올랐다. 염소 가죽에 와인을 넣고 주둥아리를 묶으면 항아리보다 훨씬 더 오래 보관할 수 있을 것이라는 생각이었다. 공기가 들어가지 않도록 완전히 밀봉한 가죽에 보관하는 것은 그리스인들이 개발해낸 획기적인 발견이었다. 그리스인들이 오래 묵은 와인을 보관하기 위해 염소 가죽을 이용한 것은 덩굴을 먹던 염소가 괘씸죄에 걸린 탓이니, 이렇듯 그리스 신화의 모든 사건들은 현실성에서 벗어나지 않고 있었던 것이다.

디오니소스는 낙소스로 가는 배를 얻어 타기 위해서 항구에 혼자 있었다. 고대 그리스에서도 자기 배를 갖고 있지 않으면 지금처럼 히치하이크를 하는 건 일상적인 일이었다. 디오니소스가 얻어 탄 배의 선원들은 이탈리아 토스카나 지방 출신인 에트루스카 해적들이었다. 그들은 고귀하게 차려 입은 미소년을 납치하기로 합의를 보았다. 노예로 팔거나 몸값을 받으면 막대한 이익을 챙길 수 있으리라는 예상에서였다. 그러나 해적들이 그를 포박하려 해도 마음대로 묶이지 않았다. 해적선에서 벌어진 기이한 일들은 그것뿐만이 아니었다. 아무리 노를 저어도 배가 꼼짝도 하지 않았다. 포도덩굴이 돛대를 휘감고 올라갔고, 포도송이들이 열리고 있었다.

그때 사자로 변한 디오니소스가 해적들을 위협했다. 그들은 너나 할 것 없이 바다로 뛰어들었다. 그들은 모두 돌고래로 변해 버렸고 배를 맴돌면서 헤엄을 치게 되었다. 돌고래는 이렇게 해서 세상에 나타나게 되었다. 후일 피렌체에는 돌고래를 문장으로 쓰던 파치Pazzi 가문이 살고 있었다. 세력가였던 그들은 메디치 가문 형제들을 암살하려다가 도리어 반역자로 몰려 사형에 처해진다. 그들이 사용하던 문장에는 돌고래가 그려져 있었다. 디오니소스의 저주가 르네상스 시대의 피렌체에도 몰아닥친 것은 아닐까.

디오니소스의 추종자들은 주로 여성들이었다. 여성들은 와인에 훨씬 민감하게 반응했으며 남자들보다 적게 마시고도 훨씬 더 환상적인 경험을 할 수 있었다. 그들은 '광란하는 여자들'이라는 뜻의 마에나드Maenads나, '바쿠스의 시녀들'이라는 의미의 바카에Bacchae로 불렸다. 바카에들은 밤새 떠들썩한 술 파티를 벌이면서 언덕과 숲을 질주했다. 이런 전설이 디오니소스 제례의 기원이 되었다. 이 축제는 다시 맞이하게 된 봄과 포도나무의 개화를 기념하기 위한 것이었다.

하지만 지나치면 문제가 생기게 마련이다. 디오니소스제에 참석한 이들은 성적인 방종을 일삼았다. 술에 도취되어 신성한 관습은 잊어버렸고 가족제도도 무시했다. 해가 뜨고 아폴로의 시간이 돌아오면 사람들은 이성을 되찾았다. 하지만 밤 사이에는 음욕이 들끓었고 잔학성이 용인되었다. 술에 취해 미친 듯이 난무亂舞하던 디오니소스 제례는 개인적인 열정을 넘어서는 집단적인 것이었다. 술에 취해 광기에 사로잡히는 대중들에게 금지 조치들이 내려지기까지는 오랜 시간이 걸리지 않았다. 통치자들이 질서를 위해 금지령을 내렸기 때문이다. 디오니소스는 와인을 주었지만 결코 많이 마셔야만 하는 것은 아니다. 항상 도가 지나치면 문제가 생기는 법이다. 디오니소스를 통해서 느낄 수 있는 건 오히려 절제의 미학이다. 이를 간파한 예언자 테이레시아스는 이런 말을 남겼다.

세멜레의 아들인 그 신은 와인이라는 액체를 발견해서

인류에게 선사했어. 이 선물은 불운한 인간들의 고통을 진정시켜 주지. 우리의 몸이 와인으로 가득 차면, 우리는 잠을 청할 수도 일상의 불행들을 망각할 수도 있어. 슬픔에 이보다 더 좋은 약은 없지.

용맹한 그리스, 세계로 와인 지평을 넓히다

더러는 손에 낫을 들고 포도를 수확하고 있었고

더러는 베는 이들한테서 희고 검은 포도송이들을 받아

그것들을 바구니에 담아서는 잎과 은으로 된 줄기들에 무거워진

큰 포도밭에서 운반하고 있었다.

더러는 또 그것들을 바구니들에 담고 있었다.(중략)

그것은 벌써 검게 물든 포도송이들의 무게에 고개 숙이고 있었다.

더러는 또 포도송이들을 밟아 으깼고, 더러는 그것을 퍼냈다.

— 헤시오도스의 『헤라클레스의 방패』 중

그리스는 전 국토의 80% 정도가 산지로 이루어져 있다. 토지는 비옥하지 않았지만 햇살은 따사로웠고, 대기는 투명했다. 시인들은 대지의 아름다움을 찬양했다. 여름에는 뜨겁고 건조한 날씨가 이어졌지만, 겨울에는 이따금씩 큰 비가 내리거나 폭풍우가 휘몰아쳤다. 물은 귀했다. 사시사철 물이 흐르는 강은 드물었으며 메마른 탓에 강과 샘물은 신성하게 여겼다. 그리스에서 세 가지 필수 식품이라 할 수 있는 것은 빵과 올리브오일, 그리고 와인이었다. 토양이 척박한 탓에 밀보다는 보리 경작에 더 적합했고, 언덕에서는 올리브나무와 포도나무가 잘 자랐다. 사람들은 이를 신성하게 생각했다. 데메테르 여신은 인간들에게 빵을, 디오니소스는 와인을, 아테나 여신은 올리브나무를 선사함으로써 아테네의 수호신이 되었다. 지중해 세계에서 이 세 가지 식품이 얼마나 중요한 위치를 차지했는지는 부연하지 않더라도 충분할 것이다.

아테나 여신은 오디세우스의 아들 텔레마코스 앞에 나타나 여행 채비를 하라며 이렇게 말한다. "와인은 항아리에 담고, 남자들의 활력에 핵심이 되는 보릿가루는 튼튼한 가죽부대에 담으시게." 포도와 올리브는 넉넉했으나 기후가 나빠서 빵은 원활하게 공급되지 않았다. 곡물은 주요 수입품이었으며, 원활한 공급을 위해 시칠리아와 북아프리카 일대로 식민지를 확대해 나갔다. 식민지에는 포도나무를 경작했으며, 품질이 좋은 그리스 본토의 와인들은 토기에 담겨 수출되었다. 같은 시기 이탈리아 반도에 거주하고 있던 에트루리아인들의 묘지에서는 당시 그리스의 토기가 발견되기도 했다. 진흙이 풍부해서 많은 도공들이 아름다운 도자기들을 구워 냈다. 붉은색이 아름다운 아테네산産 도자기는 인기를 끌었다. 아테네의 경제적 번영은 이러한 시대적 배경과 무관하지 않다. 선원들은 와인과 올리브오일을 담은 도자기를 싣고 지중해 전역으로 배를 몰고 나갔던 것이다.

이전까지 알려져 있던 와인은 역사의 서곡에 불과했다. 그리스 시대에 와인은 서구 문명의 거대한 물줄기가 되어 흐르기 시작했다. 이집트에는 술을 관장하는 오시리스 신이 있었고, 그리스인들은 와인을 접하게 된 후 디오니소스 신을 숭배하게 되었다. 와인은 신의 존재를 통해 영원의 상징으로 자리 잡으면서 대중들의 친숙한 벗으로 자리 잡게 된 것이다.

크레타섬에서는 에게 문명이 발생했고, 기원전 2500년경부터 이집트와 와인 무역이 시작되었다. 당시의 서구 세계란 지중해 세계를 일컫는 말이었다. 지중해에서 멀리 떨어진 유럽 대륙은 보잘 것 없는 변방에 불과했다. 오랫동안 지중해의 패권을 쥔 민족이 서구 사회의 지배적인 민족으로서 자리를 잡아 갔다. 크레타는 지정학적으로 이집트와 그리스 반도 사이를 이어주는 선상에 위치하고 있다. 크레타 문명은 흔히 왕궁이라고 이름 붙여진 거대한 건축 단지를 특징으로 삼으면서 지중해의 중심지로 부상했다. 이 크레타 사회를 일컬어 '미노아Minoa'라고 부르는데, 그 이유는 이 섬의 전설적인 왕 미노스Minos 때문이다. 제우스의 아들이기도 한 미노스 왕은 머리는 소의 모양을 하고 몸통은 인간의 형상을 한 미노타우로스가 태어나자 그를 영원히 빠져나올 수 없는 미궁迷宮 속에 가두어 버린다. 전설이 전하는 바 그대로 크레타에서 발견된 왕궁은 복잡한 구조로 지어져 있었다. 미노타우로스는 아테네에서 온 영웅 테세우스에 의해 죽는다. 신화가 암시하는 바대로 후일 아테네의 전성시대가 오게 된다.

당시 크레타는 시장경제 체제가 아니라 왕이 물품을 국민들에게 나누어 주는 재분배 경제 체제였다. 초기에는 이집트에서 와인을 수입했지만 오래 지나지 않아 크레타에서도 직접 포도를 재배했고 와인을 생산하기 시작했다. 포도 수확량이 많아지자 자체 소비를 하고도 양이 남아서 수출하기 시작했다. 생산량이 많아지자 왕궁에는 와인의 수납과 지출을 관리하기 위해 항아리들이 가득 들어찬 거대한 저장실을 지어서 관리했다. 크레타인들이 남긴 세세한 기록이 오늘날까지 남아 있어 그 양이 얼마나 많았는지를 알려 준다. 크노소스의 왕궁에는 무려 100만 리터에 가까운 와인을 저장할 수 있었다. 이집트를 거쳐 그리스 문명권으로 진입한 와인은 지중해에 떠 있는 크레타에서 그리스 내륙으로 진입할 준비를 한다. 이제 와인은 본격적으로 서구 사회 중심에 첫발을 디디기 시작한 것이다.

크레타의 뒤를 이은 미케네 문명은 와인 역사에서 아주 중요한 시기였다. 이때부터 그리스는 본격적으로 국토 확장의 시대를 열었고, 정복지에 와인을 퍼뜨리기 시작했기 때문이다. 고대 그리스는 에게해를 둘러싼 지역과 인근의 많은 섬들로 구성되어 있었다. 당시의 그리스는 서쪽의 발칸 반도, 동쪽으로는 오늘날의 터키에 맞닿아 있었다. 그리스인들은 서쪽으로 항해를 계속해서 남부 이탈리아와 시칠리아까지도 지배권으로 삼았는데, 포괄해서 '대大 그리스(Magna Graecia)'라고 부른다. 선원들이 없었다면 와인의 전파 속도는 무척이나 더뎠을 것이다. 『오디세이아』에 등장하는 것과 같은 용맹한 뱃사람들은 지중해 저편으로 포도나무를 전파했다. 이런 지리적 확장을 통해 와인 문화가 꽃필 수 있는 단초를 제공한 것이다.

미케네 문명이라는 명칭은 고고학자들이 청동기 유적지를 발굴하다가 거대한 유적들을 발견한 곳의 지명에서 유래했다. 19세기에 처음 발굴된 미케네 유적지에서는 보석과 술잔, 무기, 도자기 등 당시의 생활상을 생생하게 알아볼 수 있는 진귀한 보물들이 많이 출토되었다. 미케네를 최초로 발굴한 사람은 하인리히 슐리만이었다. 그는 『일리아드』를 읽은 후 고대 그리스에 대한 열정을 지니고 발굴 작업을 하다가 거대한 미케네 문명과 마주치게 된 것이다. 미케네 유적에서는 커다란 포도 압착기도 발견되었다. 이런 출토품들을 통해 와인 생산이 큰 규모로 이루어졌고 본격화되었다는 사실을 알 수가 있다. 처음에는 올리브를 재배하는 것이 주종이었으나, 포도가 전래되면서 올리브와 함께 재배하기 시작했고 나중에는 포도만 전문으로 재배하는 밭들이 생기게 되었다. 영웅 테세우스의 전설 속에 나오는 노래는 당시의 생활을 떠오르게 한다. 기근과 흉년이 끝나면 사람들은 이렇게 노래 부르며 거리를 행진했다.

우리에게 꿀과 향기로운 기름을 주소서.
그리고 강한 맛이 나는 와인을 주소서.
모두가 즐겁게 밤을 지낼 수 있도록.

기원전 8세기 무렵은 문화적으로 중요한 시기였다. 호메로스와 헤시오도스는 같은 세기에 신과 인간의 이야기들을 기록으로 남겼다. 기원전 776년 최초의 올림픽 제전이 열렸고, 호메로스는 같은 시기에 『일리아드』와 『오디세이아』를 저술했다. 헤시오도스는 호메로스의 뒤를 이어 올림피아 신들의 계보를 정리한 『신통기Theogony』와 그리스의 생활상을 조명한 『일과 날Erga Kai Hemerai』을 남겼다. 『오디세이아』에는 와인에 대한 묘사가 자주 등장한다. 가장 유명한 장면은 오디세우스가 키클롭스들이 사는 섬에 들어갔다가 폴리페모스에게 와인을 마시게 해서 취하게 만든 뒤 탈출하는 대목일 것이다. 오디세우스는 폴리페모스가 마신 와인에 대해 이렇게 설명한다.

저는 붉고 매혹적인 와인을 담은 가죽부대를 가져갔습니다. (중략) 마론은 잘 정련된 황금 7달란트, 순은으로 만든 병, 아주 감칠맛 나는 순수한 와인 열두 병을 내준 것이었습니다. 그 향과 맛이란 신에게나 어울릴 만한 것이었죠. (중략) 그들이 짙고 빨갛고 감미로운 와인을 마실 때마다, 한 컵의 와인에 스무 컵의 물을 넣으면 컵에서 향기가 날아오는데, 마치 마법이나 하늘의 선물 같았습니다. 따를 때마다 그 이상의 기쁨은 없었답니다.

물을 타지 않은 와인을 폴리페모스는 세 번에 걸쳐 찌꺼기까지 마셔 버린다. 여기서 물을 타지 않은 와인을 마시는 폴리페모스는 야만스런 실수를 저지른 것이다. 오디세우스는 올리브나무를 불에 달구어 술에 취한 폴리페모스의 눈을 찌르고 동굴에서 탈출한다. 이렇게 포도와 올리브는 칭송되었다.

당시의 좋은 와인은 도수가 높아서 사람들은 와인에 물이나 다른 향신료를 타서 마셨다. 『일리아드』에서 아가멤논의 사절단을 맞이한 아킬레우스는 "여보게, 큰 와인 잔들을 가져오게. 강한 맛이 나는 와인을 물에 섞고, 모든 손님들에게 한 잔씩 드리게"라는 명령을 내린다. 와인은 취하기 위해서가 아니라 여행을 하느라 목이 마른 이들이 한 잔씩 마시면서 피로를 풀어 주고 친밀한 대화를 시작하기 위한 것이었다.

고국으로 돌아오는 오디세우스와 그의 소식을 알기 위해 집을 떠난 텔레마코스, 이 두 여행자가 방문하는 곳들을 통해 어떤 와인들이 귀했는지, 어떤 식으로 접대를 받았는지 짐작할 수 있다. 의전관들은 여행자의 손에 물을 부어 주고, 먼저 신주를 차례로 붓고 일어서서 신에게 술을 올렸다. 그리고는 술을 가득 채워 손님들에게 권했다. 네스토르는 11년 동안 숙성한 와인을 꺼내 마개를 뜯은 다음 먼저 아테나에게 축원을 올렸다. 이렇게 그리스인들은 와인을 마시기 전에 신에게 감사하는 마음을 전했다. 헤시오도스도 "아침 일찍 손도 씻지 않은 채 제우스나 다른 불사신들께 반짝이는 와인을 헌주하는 일이 없도록 하시라"라고 전했다. 신에게 축원을 올린 다음 손님들은 신과 같은 대접을 받았다. 그것은 손님이 혹시 신일지도 모른다는 두려움이기도 했고, 세상을 많이 경험한 여행자들에게 다양한 이야기를 듣기 위한 준비이기도 했다. "낯선 사람을 대접하는 것을 소홀히 하지 말라. 네가 모르는 사이 천사를 대접할 수도 있으니"라는 히브리서의 경구처럼.

> 오리온과 세이리오스가 중천에 오르고
> 장밋빛 손가락의 에오스가 아르크투로스를 보게 되면,
> 페르세스여, 그대는 포도송이들을 모두 따서 집 안으로
> 가져가시라.
> 그것들을 열흘 낮 열흘 밤 햇볕을 보이고 나서
> 닷새 동안 덮어 두었다가 엿새째 되는 날
> 즐거운 디오니소스의 선물을 독에 담도록 하시라.
> ─『일과 날』 중

헤시오도스가 쓴 『일과 날』은 당시의 포도 재배와 와인에 대해 알 수 있는 구체적인 자료들이다. 그리스인들은 2월에

포도나무 가지치기를 했고, 7월에는 작년에 담가 둔 와인을 마셨다. 9월이 오면 포도를 수확해서 와인을 담갔다. 글에서처럼 포도송이를 말렸다가 와인을 만들면 수분이 증발하기 때문에 당도가 높고 알코올 성분이 강한 와인이 된다. 당시의 와인은 현대의 보통 와인보다 도수가 높았을 것으로 추측되므로 물에 타서 희석해서 마시는 방법이 유행했다. 헤시오도스가 이런 시를 남길 정도로 그리스에서 포도 재배는 농촌에서 중요한 일이었고, 와인 산업은 눈부신 발전을 거듭했던 것이다. 이 시대를 거치면서 와인이 많이 생산되어 누구나 와인을 마실 수 있을 정도였다. 당시의 일반적인 식단은 빵과 치즈, 그리고 와인으로 구성되어 있었다. 호메로스와 헤시오도스, 그리고 올림픽의 시대를 거치면서 그리스에서 와인은 대중적인 음료로 자리잡아 나간 것이다.

미케네 문명과 더불어 그리스에서는 군주제가 사라졌다. 여러 도시국가에서 남자 시민들이 통치에 참여할 수 있는 초기 형태의 민주주의제도가 실시되었다. 페르시아와의 전쟁에서 승리한 기원전 5세기는 그리스의 황금시대였다. 기원전 490년 마라톤 전투에서 승리했고, 479년에는 페르시아 전쟁에서 승리를 거두었다. 아테네는 스파르타를 제치고 그리스 동맹군의 지도자로서의 위치에 서게 된다. 아테네의 황금시대라 할 수 있는 페리클레스의 치세가 시작되고, 지금도 그리스의 상징으로 남아 있는 파르테논 신전이 건립된다. 파르테논 신전은 아테네의 수호신인 아테나 여신을 위해서 세운 것이었다. 아테나 여신은 도시의 수호신으로서 농업을 관장하고 아테네의 번영을 보장했다. 철학이 만개해서 소크라테스와 플라톤이 후대 사람들에게 훌륭한 가르침을 남겼고, 소포클레스, 아이스킬로스Aischylos와 에우리피데스 같은 비극작가들이 등장해 대중들의 심금을 울렸다. 또한 현대 의학의 아버지라 부르는 히포크라테스도 이 시기에 나와 과학적 기반을 토대로 병자들을 진단하고 처방을 내렸다.

플라톤은 와인을 대하는 올바른 태도에 대해 지침을 남겼다. 플라톤은 18세 이하는 와인을 마시면 안 되고, 20대는 취하지 않을 정도로 절제해야 하며, 40대는 노화 현상에 따르는 건조함을 덜기 위해 마음껏 마셔도 괜찮다고 했다. 또한 아이스킬로스는 "청동이 겉모습을 비추는 거울이라면, 와인은 영혼을 비추는 거울이다"라고 말했다. 와인을 마시고 취하면 어느 정도 자신의 속내를 드러낼 수밖에 없는 인간에 대해 아이스킬로스는 이처럼 직관적인 말을 남겼던 것이다. 에우리피데스도 『바쿠스의 시녀들Bacchae』에서 다음과 같이 노래했다.

그의 선물에 흠뻑 취하면 괴로워하던 사람들이 슬픔을 잊는다네, 마시면 잠이 온다네, 하루의 고단함이 사라진다네. 고통을 달래는 데 그만한 명약은 없다네.

그리스 시대 이후 오랫동안 와인은 술보다는 약으로서의

의미가 더 강했다. 히포크라테스 역시 술로 배고픔을 달랠 수 있다고 했으며, 살균 작용과 이뇨 작용에도 도움이 된다고 믿었다. 또한 열을 내려주고 병자의 빠른 회복을 도와준다며 와인의 약효에 대한 예찬을 아끼지 않았다.

그리스 사람들은 공개적인 자리에서 와인을 같이 마시는 풍습이 있었다. 하지만 와인을 원액 그대로 마시는 일은 없었다. 와인을 원액 그대로 마시는 건 야만인이나 하는 짓이라고 생각했기 때문이다. 술을 같이 마시는 자리는 주로 심포지움 때였다. 그러나 자리의 핵심은 술을 마시는 게 아니라 초대받은 사람들이 함께 어울려 와인을 즐기면서 그날 주어진 주제에 따라 진행 순서대로 자신의 견해를 발표하는 것이었다. 이 심포지엄을 통해 스타로 떠오른 인물이 소크라테스였다. 주량이 많았던 소크라테스는 와인을 마시면서도 다음날 새벽까지 끄떡없이 연설을 계속했다고 한다. 배가 불룩한 와인용 항아리인 오이노코에 보관하던 와인을 암포라라는 단지에 담아 운반해 오면 크라테르에 부어 와인과 물을 섞었다. 이때 와인과 혼합하는 물은 보통 바닷물이거나 소금물이었다. 그것에 향신료나 송진, 혹은 대리석의 먼지 가루까지 타서 마시는 경우도 있었다고 한다. 이렇게 도수를 낮게 해서 마셨기에 술 취하는 속도는 자연스럽게 늦춰졌고 오래도록 마시기에도 편했다. 와인에 섞을 물의 비율은 심포지엄의 주최자가 정했다. 근처 포도원에서 담근 와인들을 주로 마셨고, 공공 샘물에서 물을 길어다 먹었다. 디오니소스의 선물인 와인과 신선한 물을 섞어서 먹는 건 그들에게는 일상의 낙이었다.

펠로폰네소스 전쟁이 끝났으나 도시국가들은 서로의 힘만 상실했을 뿐 별다른 소득은 올리지 못했다. 기원전 4세기에 들어 그리스 반도에서 빠르게 강대국으로 떠오른 건 마케도니아 왕국이었다. 그리스 북쪽에 위치한 마케도니아는 남부에 비하면 날씨도 사나웠고 대지도 척박했다. 그런 환경 탓인지 마케도니아 귀족들의 오락은 남성적이었다. 싸움과 사냥, 그리고 음주가 그들의 놀이거리였다. 야심이 많았던 필리포스 2세는 아테네와 테베를 물리치고 코린트 동맹을 결성해서 맹주로 나선다. 하지만 곳곳에 적이 많았던 필리포스 2세는 암살당하고 말았다. 왕위 쟁탈전이 벌어졌을 때 재빨리 정적들을 제압하고 필리포스의 뒤를 이어 왕위에 오른 건 약관 스무 살인 그의 아들 알렉산드로스였다.

알렉산드로스는 기원전 333년 페르시아 제국을 제패하고 331년에는 이집트를 정벌해서 자신의 이름을 붙인 도시 알렉산드리아를 건설한다. 멀리 인도까지 원정에 나서 대 제국을 건설했지만 그는 결국 원정지에서 젊은 나이로 사망하고 만다. 이듬해 알렉산드로스 대왕이 존경했으며, 스승이기도 했던 대 철학자 아리스토텔레스마저 사망함으로써 그리스의 전성시대는 서서히 막을 내리기 시작한다.

필리포스 2세와 알렉산드로스 대왕은 대단한 애주가 정도가 아니라 술꾼이었다. 필리포스 2세는 전쟁터에 나가지 않을 때면 하루도 거르지 않고 술을 마실 정도로 두주불사였다. 포로들은 쇠사슬로 묶어서 포도밭에서 노동을 시켰다고 한다. 인도 원정에서 돌아오던 알렉산드로스 군대를 보면 왕은 물론 병사들까지도 얼마나 술을 즐겼는지 알 수 있다.

　　방패도 갑옷도 창도 그 모습을 감췄으며, 병사들은 줄을 지어 가며 축배를 들고 있었다. 뿔 모양의 술잔, 페리클레스 풍의 술잔 따위로 커다란 술 단지와 혼주기混酒器에서 술을 떠서, 어떤 자는 걸으면서 또 어떤 자는 드러누워 마구 퍼마셨다. 여러 가지 피리소리와 노랫소리와 하프와 여자들이 디오니소스 주신을 찬미하는 춤에 맞추어 부르는 노랫소리가 도처에 가득하였다. 대열도 짓지 않고 어슬렁어슬렁 걸어가는 병사들의 행렬 뒤에 아무렇게나 디오니소스 주신을 찬미하는 행렬이 뒤따라, 마치 디오니소스 주신 자신이 강림하여 제사 행렬에 참가하고 있는 것만 같았다.

– 플루타르코스의 『영웅전』 중

알렉산드로스 대왕은 술버릇이 아주 나빴다. 자기 자랑을 지나치게 늘어놓고 군인다운 허풍을 떨 뿐만 아니라, 아첨꾼들의 말에 빠져 들었다. 또한 폭력적인 성향도 서슴지 않고 드러냈다고 한다. 친구였던 클레이토스Kleitos도 만취한 상태에서 다투다가 알렉산드로스 대왕이 호위병이 들고 있던 창을 빼앗아 찔러서 죽였다고 한다. 알렉산드로스 대왕을 결정적인 죽음으로 몰고 간 것도 그 자신이 너무나 좋아했던 술이었다. 기원전 323년 알렉산드로스는 연이어 폭음하던 차에 온몸이 부들부들 떨리는 말라리아와 같은 증세를 보이면서 고열에 시달리고 있었다. 병상에 누워 신음하면서도 알렉산드로스는 갈증을 이기지 못하고 술을 마시다가 착란에 빠져 결국 33세라는 젊은 나이에 요절하고 말았다. 동방에 이르기까지 대 제국을 건설했던 영웅의 안타까운 죽음이었다.

로마로 통하는 모든 길, 와인에 길들여지다

호메로스는 와인을 사랑했기에 와인을 찬양했고
거룩한 에나우스는 와인을 마신 후에만 전쟁을 노래했
노라.
"말라붙은 목구멍을 가진 자들은 광장과 일 속에 묻혀
있을지어다.
나는 저 음울한 영혼에게는 노래하기를 금하노라."
선포가 내려진 후 시인들은 끊임없이 와인과 함께
밤과 싸웠노라, 낮을 마셨노라.
 — 호라티우스의 『서간집*Epistles*』 중

「글래디에이터」처럼 로마를 배경으로 만든 영화를 보면,

사람들이 긴 의자(lectus)에 드러눕다시피 앉아서 와인을 마시는 모습을 볼 수가 있다. 연회장에는 진수성찬이 차려져 있다. 이런 장면들은 부유하고 번성했던 로마를 상징하는 모습처럼 보인다. 로마 문명이 발달하면서 와인은 가장 일상적인 음료가 되었다. 당시에는 마음놓고 물을 마실 수가 없었다. 깨끗하지 않은 물은 수인성 전염병의 원인이 되곤 했다. 와인은 물보다 훨씬 위생적이며 안전했기에 일반 시민들이 즐겨 마셨을 뿐만 아니라 군대에서도 와인 보급은 꼭 필요했다. 로물루스와 레무스의 건국 신화를 시작으로 사비니족을 통합한 로마는 자신들보다 선진적이었던 에트루스카까지 제압하면서 이탈리아 반도 전역으로 세력을 확장해 나갔다. 많은 소설이나 영화에서는 환락에 빠진 로마를 그리고 있으나 이는 제정 이후, 즉 기원후의 일이다. 공화국 초기의 로마인들은 대부분 검소한 생활을 했다.

초기 로마인들의 식생활은 간소했다. 대개 하루 두 끼 식사를 했는데 아침 식사(jentaculum)는 빵과 치즈로 차린 소박한 상이었다. 여유가 있는 계층들은 빵과 고기, 야채, 과일 등을 곁들이거나 와인을 약간 마시기도 했다. 그에 비하면 저녁은 풍성했다. 케나Cena라고 부른 저녁 식사는 오후 4시경에 시작되어 밤이 늦기 전에 끝났다. 유피테르에 대한 헌주로 시작된 케나는 보통 일곱 코스로 진행되었으며, 각각의 요리마다 와인이 나왔다. 로마에서는 송진을 바른 암포라에 와인을 보관해 두었는데, 그래서 와인은 송진 냄새를 풍기고 있었을 것이라 추측된다. 송진 냄새가 나는 와인에 물을 타서 마시는 것이 일반적인 풍경이었다. 초기에는 상류층의 전유물이었던 와인은 공급량이 모자랐으므로 서민들은 맥주나 과일주를 마시곤 했다. 키케로가 '역사의 아버지'라고 칭했던 헤로도토스는 물을 타지 않고 와인을 원액 그대로 마시는 모습을 비판하곤 했다.

인근 영토들을 점령했지만 로마의 발전과 더불어 인구는 빠르게 늘어났다. 초기 로마는 모든 시민을 먹여 살리기엔 물자가 모자랐다. 로마는 식량을 찾아 반도 너머로 시선을 돌릴 수밖에 없었다. 초기 로마는 자급자족 경제에 가까웠다. 경제 활동의 기초가 된 것은 토지였으며 농업이 주를 이루었다. 수입품은 철이나 소금 같은 필수품이 대부분이었다. 로마 인근에서 가장 비옥한 토지는 남쪽에 위치한 캄파냐였다. 캄파냐의 기름진 토지에서는 필요한 생산량 이외에도 잉여 생산물이 있었으며 맛있는 와인이 생산되는 것으로 유명했다. 베르길리우스는 이렇게 노래했다.

풍부한 곡물과 캄파냐의 술로 가득 찬,
올리브나무들과 번식하는 가축 떼로 뒤덮인
여기서는 언제나 봄과 여름만이 있으니

기원전 200년을 전후해서 로마인들은 반도 바깥에서 곡물을 수입했다. 사회 안정이란 곧 먹을거리에 대한 문제가 해결

되는 것을 의미했다. 수입 농산물의 가격이 내려가면서 로마 인근의 경작지는 곡물 대신 포도와 올리브 재배지로 바뀌어 나갔다. 정치인들은 토지에 투자하는 것이 가장 안전한 돈벌이가 된다는 것을 강조하곤 했다. 도로 사정이 좋지 않았기 때문에 로마에서 멀리 떨어진 곳에서 생산되는 와인은 그림의 떡이었다. 120㎞ 가량 마차로 육로 운송을 하는 것보다 배로 지중해 끝까지 운반하는 게 비용이 더 싸게 들었다. 로마 인근의 포도밭들은 로마 시민들을 위한 와인 공급처 역할을 했다. 시칠리아를 비롯한 곡창지대에서 곡물 수입량이 증가하면서 로마 근처는 포도와 올리브나무로 뒤덮여 버렸다. 민심을 잃지 않기 위해서 곡물은 싸게 공급되었다. 싸게 구할 수 있는 곡물에 비하면 포도와 올리브를 경작하는 것이 훨씬 더 이익이 많이 남았다. 키케로는 "곡물을 케레스라 하고, 와인을 바쿠스라고 부르는 것은 은유적 표현이다"라고 했다. 이탈리아 반도에서 케레스는 바쿠스와 아테나에 의해 완전히 밀려나고 있었다.

이탈리아 격언에 "와인은 좋은 피를 만든다"는 말이 있다. 연회에 초대된 손님들은 그리스 식으로 와인을 물에 섞어서 마셨다. 연회의 주관자가 주사위를 던져서 선출된 그날의 회장이 와인과 물을 섞는 비율을 결정했다. 초기 로마에서는 30세 미만의 청년이 와인을 마시는 것은 금지되어 있었고, 특히 여성이 와인을 마시는 것은 금기나 다름없었다. 에게나투스 메세니우스Egenatus Mecenius라는 사람은 자기 부인이 와인을 마섰다고 해서 때려죽인 일까지 있었다. 정치가 카토(B.C 234~149)는 아랫도리만 가리고 노예들과 같이 노동하면서, 노예들이 먹는 빵과 와인을 마신 것으로 유명했다. 그는 신분제도에 대해 무척이나 진보적인 사고를 갖고 있었기 때문이다. 그런 카토조차 여자들에 대해서는 엄격했다. "만일 네 아내가 포도주를 마시는 것을 발견하게 되면 그녀를 죽여라!"라고 충고했다는 일화가 있기 때문이다. 와인은 피를 상징했고, 여자가 다른 피를 마시는 것은 다른 남자와 간통을 저지르는 것을 상징했다. 또한 와인이 낙태를 시킨다고 믿기도 했다. 여성에게 와인은 부정적인 이미지를 가지고 있었다. 그래서 가장은 집에 돌아오면 부인이나 딸이 와인을 마셨는지 확인하기 위해 입냄새를 맡아볼 수 있는 권리가 있었다. 여기서 오늘날의 키스라는 관습이 시작되었다는 것은 참으로 아이러니한 일이다. 황제 아우구스투스가 품행이 단정하지 못한 딸 율리아를 외딴섬으로 귀양 보낼 때에도 와인을 비롯해서 모든 즐거움과 인연을 끊게 했다.

인류 역사상 기록으로 남아 있는 가장 오래된 최상의 와인이 생산된 해는 기원전 121년일 것이다. 그해 이탈리아 반도는 아주 무더운 여름을 맞이했다. 현재의 라치오(주도州都는 로마)와 캄파냐(주도는 나폴리) 경계에는 팔레르눔Falernum이라는 유명한 와인 산지가 있었다. 그해 가장 유명세를 탄 와인은 집정관이었던 오피미우스Opimius의 이름을 붙인 오피미안Opimian이라는 와인이었다. 플리니우스는 대략 150년이 지난 후 이 와인을 맛보았으며, 페트로니우스는 『사티리콘*Satyricon*』에서 '100년 묵은'이라고 적힌 오피미안 와인을 꺼내는 광경을 묘사하고 있으니, 가히 전설적인 와인이었으리라고 짐작할 수 있다. 팔레르눔에서는 드라이한 와인, 달콤한 와인, 그리고 가벼운 와인, 이렇게 세 가지 스타일의 와인이 생산되었다. 일반적으로 레드 와인이 많았지만, 상류층 사이에서는 지금의 토카이와 유사한 달콤한 화이트 와인이 인기를 끌었던 것 같다. 플리니우스가 묘사한 바에 따르면 호박색이나 갈색으로 표현되어 있는데, 이는 잘 숙성된 디저트 와인을 연상케 한다. 무더운 여름이 지나면서 말라비틀어진, 즉 수분이 증발해 버리고 당분만 많이 남아 있는 포도로 달콤한 와인을 만들었을 것이다. 이런 와인의 특성상 100년 이상 보관할 수 있었을 것이다. 그러나 불행히도 팔레르눔의 명성은 오래가지 못했다. 79년 8월 베수비오 화산이 폭발함으로써 화산재에 파묻혀 버렸기 때문이다. 이 영향으로 로마로 공급되던 고급 와인 물량이 딸려서 품귀 현상이 벌어지곤 했다.

플리니우스는 그 외에도 토스카나 일대, 베로나, 소렌토, 시칠리아 등지에서 생산되는 와인들을 고급으로 인정하고 있다. 현재 이탈리아 와인의 왕이라고 부르는 바롤로의 존재도 그때부터 만생종 품종을 심었다는 사실을 통해서 그 역사가 장구함을 알 수 있다. 현재 이탈리아에서는 지방마다 고유의 토착 품종으로 와인을 만들고 있다. 플리니우스는 원산지에 따라 와인 맛이 완연히 다르다는 사실을 알고 있었다.

반도 전체에서 경쟁하듯이 포도나무를 심었지만 물량이 넉넉하지는 않았다. 그로 인해 해외에서 와인을 수입하는 양은 꾸준히 증가했다. 에게 해에 위치한 키오스, 타소스, 레스보스 섬 등에서 생산된 와인은 전통적으로 유명했다. 지중해 무역을 통해 들어온 와인들이 로마의 외항 오스티아를 가득 채웠다. 로마로 유입되는 모든 물자가 거쳐 가는 항구는 상인들과 선원들로 북적거렸다. 와인 외에도 아프리카에서 온 밀, 에스파냐산 올리브오일, 과일, 야채, 기와, 벽돌 등이 테베레 강을 통해 로마 시내로 운송되었다. 와인업자들(vinarii)은 와인을 큰 항아리에 담아 수레에 싣고 동네마다 배달을 다녔다. 술집은 테르모폴리아Thermopolia라고 불렀다. 초기의 테르모폴리아는 매음굴과 도박장을 겸하는 타락한 장소였으나 서서히 와인을 마시면서 사람들을 만나는 장소로 자리 잡아 갔다. 술집 주인들(Thermopolae)은 큰 잔에 온도를 맞추어 둔 와인과 물을 담아 손님들에게 내주었다. 부유층은 저택 지하실에 와인을 보관했으나 서민들은 소량으로 와인을 사거나 술집에 드나들었다. 부유층은 수정으로 만든 술잔으로 고급 와인을, 대중들은 토기 술잔으로 싼 와인을 마셨다. 계층마다 수준 차이는 있었으나 접하는 것 자체가 어렵지는 않을 정도로 와인은 넘쳐 났다.

65년 콜루멜라는 농경과 과수, 목축 등을 다룬 『농업론De Re Rustica』을 발표했다. 그는 병사가 받는 연봉을 3년가량 모으면 1에이커(약 4,046평방미터)의 농지를 살 수 있다고 썼다. 이집트와 북아프리카에서 수입한 곡물들이 싼 가격에 판매되었으므로, 이탈리아 반도에는 포도 경작지들이 계속 늘어나고 있었다. 콜루멜라는 포도를 재배할 때 사람 키 높이로 말뚝을 박고 나무들이 양쪽으로 늘어서게 하는 방법을 권유했다. 이는 현재에도 보졸레 지방에서 쓰는 방식이다. 콜루멜라나 플리니우스처럼 농학을 연구한 학자들에 의해 포도 재배 기술은 더욱 발전하게 되었다. 로마인들은 화이트 와인을 좋아해서 레드 와인을 유황으로 증류해서 색을 빼거나 증기를 이용해 표백했다. 숙성 과정에서 생기는 찌꺼기들은 석고나 찰흙 반죽, 혹은 젤라틴을 이용해서 가라앉혀서 맑은 와인을 만들어 냈다.

키케로는 다음과 같이 적었다.

> 만일 누군가 내게 지상에서 가장 으뜸인 것을
> 말하라고 한다면
> 나는 포도나무라고 말하리라.

와인을 마신 기록들은 다양하게 남아 있다. 사람들은 와인을 데워 마시기도 했고, 꿀을 섞기도 했다. 송진이나 허브를 넣어 향을 내기도 했다. 제정 시대로 접어들면서 사치와 방탕한 풍조가 로마의 유행이 되었다. 비판적인 이들은 "로마 민족은 식량과 공연, 특히 이 두 가지에 완전히 매몰되어 있다"고 말했다. 백성들은 빵과 서커스에 푹 빠져 있었다. 황제들에게는 국민들로 하여금 먹고 놀게 하는 것이 가장 중요한 임무 중 하나였다. 사람들은 극장에서 공연을 보고, 원형 경기장에서 검투를 보고, 공중목욕탕에서 피로를 풀었다. 일 년의 절반이 공식적인 휴일이었다. 해가 떨어지면 와인을 마셨다. 여성들도 와인을 즐겼고, 남자들은 곤드레만드레 취하도록 술을 마셔 대곤 했다. 로마제국은 주지육림의 세계를 보여주고 있었다.

그러나 제정 초기에는 그렇지 않았다. 오히려 카이사르와 아우구스투스는 와인을 거의 입에 대지 않았던 것으로 유명하다. 카이사르와 폼페이우스는 로마의 패권을 두고 결전을 앞두고 있었다. 폼페이우스는 와인과 진수성찬을 차려 놓고 이미 승리를 거둔 것처럼 도취되어 있었으나 카이사르에 의해 한순간에 격퇴당하고 말았다. 전투에서 진 폼페이우스의 진지는 가관이었다. 지휘관들의 천막들은 나무덩굴로 장식하고 황금 잔으로 와인을 마실 준비를 하고 있었지만 모두가 무용지물이 되고 만 것이다. 그러나 카이사르와 아우구스투스의 시대가 지나면서 로마제국은 완전히 변모해 갔다. 아우구스투스의 뒤를 이은 황제 티베리우스는 습관처럼 폭음과 폭식을 일삼았고, 그래서 술꾼(Biberius)이라는 별명으로 불리기도 했다. 티베리우스는 자신과 1박 2일 동안 술을 같이 마신 친구를 시리아 총독으로 임명하기도 했다. 술친구를 벼슬자리에 올린 데 대한 비판에도 그는 개의치 않았다.

네로는 와인에 끓는 물을 섞어 마셨는데, 온도가 너무 높으면 얼음을 넣어 차게 해서 마셨다. 위생을 위해서 더운물을 섞었고, 시원하게 마시기 위해 얼음을 넣은 것이다. 네로의 총애를 받았던 페트로니우스는 『사티리콘』을 썼다. 『쿠오 바디스』에는 네로의 의심을 받고 자살하는 장면이 그려져 있다. 페데리코 펠리니는 『사티리콘』을 영화로 만들어, 고대 로마의 향락을 스크린에 그려 냈다. 해방 노예이면서 엄청난 부를 끌어모은 트리말키오는 사람들을 초청해서 연회를 베푼다. 잔치는 끊이지 않고 이어졌다. 배가 터지도록 먹고 난 후 다시 샤워를 하자며 다른 식당으로 안내한다. 전채 요리와 함께 꿀을 섞은 와인(mulsum)을 마시고 새로운 요리가 나올 때마다 각종 와인이 쏟아진다. 바티칸, 마르세유산産 와인으로 시작해서 명주 오피미안 와인까지 마셨으니, 가히 사치의 극단적인 예라 할 수 있을 것이다. 암포라 마개가 열리면 여과기에 술을 걸러서 잔에 따랐다. 독한 원액을 마시는 것은 야만인이나 변태 취급을 받았으므로 물을 타는 것이 관례였다. 예의상 주관자가 훈화를 하고 나서 같은 양의 와인을 각자의 잔에 따라 주었다. 처음에는 1키야투스(약 0.045리터) 정도 따르며, 11키야투스까지 따르곤 한다. 상석에서부터 마시기 시작하면 그때부터 시끌벅적한 연회가 본격적으로 벌어지는 것이다. 때로는 한 사람씩 이름을 불러 가면서 그를 위해서 건배해 주기도 했다.

트리말키오의 부인은 뚱보 포르투나타였다. 그녀는 음식을 꾸역꾸역 집어넣고, 와인을 연거푸 마셔 댔다. 취기에 눈은 멍하고 천장은 빙글빙글 돈다. 실내에 켠 횃불 숫자도 두 배로 늘어난다. 그렇지만 술을 마시고 취한 여자들이 속속 도착한다. 갈증 때문에 더 마셔 댄 술을 바닥에 토해 내고, 위가 비었으니 술이 또 당긴다. 마시고, 토하고, 또 마시고…… 이 광경이 페트로니우스가 그린 '타락의 로마'였다.

로마인들은 손님을 초대해서 연회를 베푸는 걸 즐겼다. 하지만 당시에는 허울만 좋은 초대 또한 잦았던 모양이다. 플리니우스는 식사 도중 처음에 마시던 와인 대신 몰래 질이 떨어지는 와인으로 바꾸어 내놓는 인색한 주인들을 비난했다. 마르티알리스도 어느 여주인에 대해 비판을 아끼지 않았다. "관능적인 모양으로 만든 빵과 눈도 녹일 수 있을 정도로 따뜻한 와인을 혼자 들이켜면서 다른 사람들에게는 검은 밀가루 덩어리와 코르시카산産 저급 독약을 준다"라고 불만스러운 연회에 대해 기록한 바 있다. 와인은 산지에 따라 고급이냐 아니냐가 분류되었으며, 내놓는 와인에 따라서 주인에 대한 평가도 달라졌던 것을 알 수 있다.

와인은 여러 용도로 사용되었다. 가장 신성한 의식은 제례의식 때였다. 카피톨리노 제례에서 제물을 준비하는 과정이 묘사되어 있다. "저 한쪽에서는 유피테르 신께 바치려고 묶어 놓은 소가 요동을 쳤다네. 그러나 이미 신전에도 제단에도 바쳤으니 곧 신선한 와인이 뿌려질 걸세." 이처럼 신을 위한 행사뿐만 아니라 와인은 여성을 아름답게 만들기 위한 화장품으로도 쓰였다. 광대뼈나 입술을 붉게 만들 때 와인 지게미(fucus)를 사용하는 것은 일반적인 미용사의 업무였다.

그리스와 더불어 로마에서도 와인은 모든 사람들이 선호하는 술이었다. 로마 전통의 위엄과 새로운 신앙인 기독교가 확산되면서 빵과 올리브오일, 그리고 와인의 명성은 높아지고 있었다. 기독교가 공인되면서 빵과 와인은 성찬식의 기적을 상징했고 신성한 음식으로 자리매김했다. 다신교의 로마에서 기독교 사회로 가면서 생긴 변화들이었다. 기독교로 개종하고 와인을 마신다는 것은 문화적인 행위였고, 상류사회로 편입되는 것을 의미했다. 이런 인식들은 앞으로 유럽 대륙과 종교 세계에서 와인의 가치를 훨씬 높이는 역할을 하게 된다.

"이것은 내 살이요, 내 피다." – 예수의 와인 혁명

예수께서 빵을 가지사 축복하시고 떼어 제자들을 주시며 가라사대 받아먹으라. 이것이 내 몸이니라 하시고 또 잔을 가지사 사례하시고 저희에게 주시며 가라사대 너희가 이것을 마시라. 이것은 죄 사함을 얻게 하려고 많은 사람을 위하여 흘리는 바 나의 피 곧 언약의 피니라. 그러나 너희에게 이르노니 내가 포도나무에서 난 것을 이제부터 내 아버지의 나라에서 새 것으로 너희와 함께 마시는 날까지 마시지 아니하리라.

— 「마태복음」 26장

예수가 최후의 만찬에서 남긴 이 암시적인 말을 어떻게 해석해야 할까. 와인이 퍼지면서 기독교 세계에 미친 영향은 강력한 것이었다. 기독교를 믿는다는 것은 와인을 향유한다는 것이었다. 성경 곳곳에서 와인이 강조되었고 다양한 비유들이 존재한다. 지금까지 역사가 흐르면서 지중해 세계에서 와인과 올리브오일, 빵은 중요한 위치를 차지하고 있다. 예수의 시대에 이러한 사실은 다시 강조된다. 지중해가 세계의 중심이었던 시기에 디오니소스, 아테나, 데메테르의 영향력은 여전했던 것이다.

그리스도(Christ)라는 이름은 이스라엘 왕에게 영광을 부여하기 위해 바르는 '성유聖油(chrism)'라는 단어에서 유래했다고 한다. 최후의 만찬에서 예수는 마지막으로 빵과 와인을 다시 한 번 강조한다. 열두 제자들과 함께 한 저녁 식사 자리에서 예수는 빵과 와인을 그들에게 주었다. 예수가 인간들에게 마지막으로 준 것은 인간의 살갗처럼 하얀 빵과 피처럼 붉은 와인이었다. 이 행위는 다가올 죽음에 대한 암시이기도 했다. 예수는 빵이 쪼개지듯 자신이 쪼개질 것이고, 붉은 와인처럼 자신이 피를 흘리게 될 것임을 기억하라고 한 것이다. 현실 세계에서 예수의 운명은 다하지만 빵과 와인은 앞으로도 영원히 살아남을 것이다. 이 말이 암시하는 바, 즉 만찬 때 제자들이 받은 빵과 와인이 예수의 진짜 살과 피였는지 아니면 빵과 와인을 통해 은유적으로 표현한 것인지에 대한 신학적 논쟁은 앞으로 많은 피를 부를 터였다. 사람들은 이후 2천 년 동안 최후의 만찬에서 내뱉은 예수의 마지막 말을 해석하는 데 무

한한 열정을 쏟아 부었다. 전 생애를 통해 예수는 말을 많이 하지 않았지만 다양한 해석의 여지가 있는 암시와 복선들이 깔려 있었다.

예를 들면, 이 마지막 말이 얼마나 거대한 파급 효과를 불러일으켰는지 생각해 보라. 어린 시절 읽었던 동화들은 이 말을 반영하고 있다. 동화에서 많은 주인공들은 행복한 결말을 맞이한다. 그 상황을 상징하는 것이 바로 하얀 빵과 달콤한 와인이었다. 의식적이든 무의식적이든 동화작가들조차 예수의 표현을 고스란히 받아들였던 것이다.

예수 이전까지 피는 신에 속한 것이었다. 예수의 행동은 기존의 인식에 비하면 가히 혁명성을 띤 것이었다. 피는 권력을 강화하는 데 이용되었으며 종교적인 비유이기도 했다. 인간과 짐승의 피는 종교 의식에 사용되었으며, 신에게 속죄의 제물로 바쳐지고 있었다. 예수의 시절까지도 짐승들을 신에게 바쳤다. 곳곳에서 피를 사용하고 있었으나 예수를 통해서 피를 사용하던 의식은 혁신되었다. 더 이상 짐승을 죽여서 제단에 피를 뿌리는 행위는 필요치 않게 된 것이다. 육신은 빵으로, 피는 와인으로 대치되었기 때문이다. 다른 생명을 빼앗아 신에게 기원하는 행동은 이로써 종말을 고하게 된다.

유대 문화권에서 신의 선물로 여겨졌던 포도나무는, 정신세계에서는 물론이고 현실적으로도 영양을 주는 음식물이자 원기를 회복하게 해주는 수단이었다. 또한 포도나무는 이스라엘 백성을 상징하는 것이기도 했다. 예수는 포도나무와 와인, 농장에서 일하면서 와인을 담그는 사람들을 비유로 종종 사용했다. 「마태복음」 20장에는 일을 더 했으나 같은 품삯을 받게 되자 항의하는 일꾼들의 이야기가 나온다. 천국의 비유 또한 마찬가지다. "천국은 마치 품꾼을 얻어 포도원에 들여보내려고 이른 아침에 나간 집주인과 같은 것이니⋯⋯." 오래 일한 일꾼들의 불평에 개의치 않고 주인은 모두에게 똑같은 삯을 준다. 성경에는 이처럼 평범한 사람들의 생활이 이야기의 대상이 된다. 예수는 자기 자신을 포도나무에 비유했다. "내가 참 포도나무요, 내 아버지는 그 농부라."(「요한복음」 15장) 성경에서 가장 자주 나타나는 비유 중 하나가 포도였다. 예수는 포도나무이고 제자들은 가지이니 같이 있어야만 과실을 많이 맺는다고 하였다. 여기서 상대방에 대한 기본적인 믿음이 생기는 것이다.

예수가 처음 행한 기적은 가나의 결혼식에서 물을 와인으로 바꾼 것이다. 예수가 혼인 잔치에 초대받아 갔으나 와인이 다 떨어지고 말았다. 그 말을 들은 예수는 머뭇거리다가 항아리 여섯 개에 물을 가득 채우게 했다. 이를 연회장에게 가져다 주었더니 어느 틈에 와인으로 바뀌어 있었다. 그것은 결코 평범한 와인이 아니었다. 연회장은 신랑에게 "먼저 좋은 와인을 내고 취한 후에 낮은 것을 내거늘 그대는 지금까지 좋은 와인을 두었도다"라고 말하기 때문이다. 물과 와인의 지위는 달랐다. 와인은 신이 내린 선물이기 때문이었다. 예수가 물을 와인으로 변화하게 한 것은 새로운 희망에 대한 기쁨을 직접적으로 보여주는 기적이었다. 물밖에 남아 있지 않은 상황은 막바지에 다다른 것이나 다름없다. 하지만 여기서 예수는 와인을 줌으로써 새 생명을 보여준다. 이런 과정들을 통해서 기독교에서 와인은 메시아에 대한 희망을 주는 하나의 상징으로 해석되며, 이를 통해 와인의 지위는 격상되었다. 예수는 행동과 말을 통해서 산업을 건드렸다. 가장 중요한 농산물에 대해 직접적으로 거론하면서 빵과 올리브오일, 와인의 중요성을 널리 각인시켰던 것이다.

포도밭처럼 인간이 가꾼 정원은 문명을 상징한다. 인간의 손이 닿지 않은 어두운 숲과 달리 인간의 손길이 닿은 정원은 문명화된 것이기 때문이다. 성서에는 중요한 정원 두 군데가 등장한다. 태초의 정원이자 인류의 죄의 근원인 사과가 자라고 있는 에덴동산과 포도나무를 상징하는 예수가 수난을 스스로 받아들이는 겟세마네 동산이다. 이런 공간들은 신과 인간 사이를 이어주는 역할을 한다. 그 사이에 예수라는 인간적인 존재가 있는 것이다.

디오니소스가 신과 인간 사이에서 태어났듯이 예수 또한 마찬가지다. 와인의 역사에서 오시리스와 디오니소스, 그리고 예수는 유사한 길을 걷는다. 바로 죽임을 당하고 부활하는 과정이다. 이집트의 오시리스와 그리스의 디오니소스가 지녔던 같은 상징성을 예수 또한 갖고 있는 것이다. 그로 인해 예수는 부활한 오시리스, 디오니소스와 같은 인상을 드러낸다. 그리고 그들은 포도나무와 동일한 존재가 된다.

붉은 와인은 예수와 성인들의 순교를 상징한다. 와인은 곧 피에 대한 암시이기 때문이다. 부활절 일 주일 전인 성주간 수요일 제식에서는 이사야서가 낭송되곤 한다.

어찌하여 네 의복이 붉으며 네 옷이 포도즙을 밟는 자 같으뇨. 만민 중에 나와 함께한 자가 없이 내가 홀로 포도즙 틀을 밟았는데…….

인간들에게 와인을 준다는 것은 예수의 희생을 상징하는 것이다. 와인은 주의 아들이 흘린 피이기 때문이다. 예수는 혼자 와인 틀을 밟는 사람인 것이며, 피를 흘리는 고통은 포도즙을 짜고 와인을 만드는 행동으로 파악되는 것이다. 이런 고통을 통해 구원의 길이 열렸다. 대신 예수의 혁명적인 인식의 변화 덕에 교회에서는 예전보다 편하게 제식을 할 수 있게 되었다. 살과 피가 아닌 빵과 와인은 어디서나 구할 수 있었으며 누구나 쉽게 가져올 수 있었기 때문이다.

성서에서 포도나무는 예수 자신에 대한 상징임과 동시에 이스라엘 백성에 대한 상징이기도 하다. "주께서 한 포도나무를 애굽에서 가져다가 열방을 쫓아내시고 이를 심으셨나이다."(시편 80장) 포도나무는 아주 중요한 위치를 차지하고 있다. 와인과 함께 약속 받은 땅을 풍요롭게 만들어 주기 때문이다. 신앙심이 두텁지 않은 사람은 포도가 나무에 열려도 와인을 만들 수가 없는 것이다. 솔로몬 왕이 쓴 것으로 알려진 아가서에도 포도나무가 사람에 대한 비유로 여러 번 언급되고 있다. "네 유방은 포도송이 같고, 네 콧김은 사과 냄새 같고, 네 입은 좋은 와인 같을 것이니라. 이 와인은 나의 사랑하는 자를 위하여 미끄럽게 흘러내려서 자는 자의 입으로 움직이게 하느니라." 이와 동시에 포도는 사랑과 풍요로움을 암시한다. "우리 일찍 일어나서 포도원으로 가서 포도 움이 돋았는지, 꽃술이 퍼졌는지, 석류꽃이 피었는지 보자. 거기서 내가 나의 사랑을 네게 주리라."(「아가서」 7장)

노아에서부터 와인의 역사는 끈끈하게 이어진다. 창세기에 등장하는 멜기세덱은 아브라함이 승리를 거두고 돌아올 때 사웨 골짜기에 나와서 영접한다. 그는 아브라함을 축복하면서 복을 받기를 하늘에 기원한다. 지극히 높은 제사장이었던 멜기세덱이 준비한 것 역시 빵과 와인이었다.

이런 상징성을 지닌 와인은 모든 이들에게 이로운 것이었다. 와인이란 예수가 십자가에 짓눌려 마치 압착기에 눌린 포도송이처럼 피를 쏟아낸 것이다. 와인을 모든 병자들을 치유하는 약으로 사용한 것은 상징적이면서 현실적인 것이었다. 와인은 믿음과 영양을 동시에 지니고 있었기 때문이다. 이런 과정을 거치면서 교회는 포도 재배와 와인 생산에서 확고한 후원자가 되었다.

야만인들이 맥주 대신 와인을 마시는 것은 개종의 상징이었다. 이런 종교적 입장과 더불어 교양인은 와인을 마신다는 그리스와 로마적인 인식이 반영된 것이다. 와인 산업이 규모가 작았다면 파장이 그토록 커지기는 어려웠을 것이다. 유럽에서 와인 생산이 지속적으로 확산된 이유는 와인이 예수의 피를 상징했고, 동시에 그 자체로서 상업성이 뛰어났기 때문이었다.

게르만, 와인에 취하다

    알프스 산맥 너머에 살던 게르만족들은 이른바 야만인이라고 불렸다. 로마인의 시각에서 보면 질서나 규율이 없었고 무절제했으며 난폭한 탓이었다. 그들은 곡물보다 육류를 선호했다. 거주지 근처에서 돼지를 치면서 살았고, 숲의 어둠 속에 가려져 있었다. 농업기술이라는 문명과는 거리가 멀었고, 문명화되지 않은 자연 그대로의 숲이 그들의 안식처였다.

    와인은 로마제국과의 경계 지방에만 알려져 있었다. 모든 면에서 로마와 게르만은 달랐다. 로마에서는 요리할 때 올리브오일을 사용했으나 게르만족은 버터와 라드를 사용했다. 마실 거리도 달랐다. 문명화된 로마의 상징이 와인이었던 데 반해 게르만족들은 말 젖으로 만든 시큼한 음료나 야생 과일을 발효한 술, 혹은 보리 재배지에서는 맥주를 만들어서 마셨다. 게르만족들이 맥주를 벌컥벌컥 들이켜는 야만인의 인상으로 남아 있는 것은 이러한 풍속 때문이다. 역사가 타키투스는 『게르마니아』에서 그들은 "보리나 곡물을 발효해 와인과 비슷하게 만든" 맥주를 마신다고 기록하고 있다. 당시에 와인과 맥주란, 곧 문명과 야만의 차이를 결정짓는 것이었다. 게르만족은 대부분 와인을 마시지도 않고 대지에서 곡물을 산출하지도 않았다. 그들은 있는 그대로의 자연에 의존했다. 남자나 여자나 모두 사냥에 몰두하는 것, 이것이 로마인들이 바라본 게르만의 모습이었다.

유럽 대륙이 로마화되면서 게르만족은 **빠르게 와인에 빠져**들었다. 사실 현재의 프랑스 땅에도 그 당시에는 야생 포도나무들이 심어져 있었다. 다만 와인을 만들기 시작한 역사가 모호할 따름이다. 프랑스에서 포도나무가 인위적으로 가장 먼저 심어진 곳은 마르세유 근처로 알려져 있다. 그리스인들이 와인을 만들기 위해 식민지를 개척했지만 초기에는 미미한 상태에 그치고 있었다. 로마 문화의 영향을 직접 받으면서 포도 재배가 본격적으로 이루어지기 시작했다. 당시 갈리아인들은 맥주를 마셨지만 상류층에서부터 변화가 일어났다. 로마 문명을 일찍 접한 귀족들과 부자들은 로마 상인들로부터 사들인 와인을 집에 저장하기 시작했다. 서부개척 시대의 골드러시를 연상케 할 정도로 와인은 황금 알을 낳는 산업이었다. 와인을 차지하기 위해 살육이 벌어지기도 했다. 무법자들과 보안관의

쫓고 쫓기는 결투 같은 형국이었다. 와인을 사고팔아서 번 돈으로는 노예를 확보할 수 있었다. 이탈리아 반도의 상인들은 갈리아의 이런 상황을 잘 파악하고 본격적으로 돈벌이에 나섰다. 이미 중독된 갈리아인들은 심지어 와인 한 항아리와 노예 한 명을 맞바꾸기도 했다. 와인을 마신다는 것은 지중해 문명권에 편입된다는 것을 의미했으며 새롭고 거대한 유행이었다. 기독교적인 질서는 와인과 함께 갈리아에 침투했다. 싸구려라도 와인이라면 시장 가치가 높았다.

갈리아인들은 로마 상인들에게 속지 않고 착취당하지 않기 위해 직접 포도를 재배하기 시작했다. 어디에서나 잘 자라는 품종을 개량해서 요지마다 포도나무를 심었다. 론 지방의 에르미타쥬, 부르고뉴의 본, 랑그독 루시용의 나르본 등은 포도 재배의 요충지였다. 물론 지금까지도 당시에 와인을 생산하던 지역들은 대부분 뛰어난 와인 생산지로 남아 있다. 사람과 세대는 바뀌어도 대지는 쉽게 바뀌지 않는 법이다. 이곳에서 생산된 와인들은 갈리아인들을 만족시켰을 뿐만 아니라 로마 군대의 병참 역할까지도 맡게 되었다.

이탈리아 반도의 상인들은 위기를 맞았고, 자신들의 영광을 빼앗기지 않기 위해 고심했다. 이탈리아 반도를 벗어나서 포도 재배 지역이 너무 확장되었다는 점은 사회적으로도 문젯거리가 되었다. 결국 92년 도미티아누스 황제는 본국 내의 와인을 보호하기 위한 정책의 일환으로 프랑스 땅 안에 심어진 포도나무를 모두 베어 버리라는 칙령을 발표하기에 이른다. 그러나 대세를 거스를 수는 없는 법이다. 포도는 갈리아의 변방을 향해 점점 멀리 퍼져 나갔고 대서양에 인접한 보르도 지방까지 비투리카라는 새로운 품종이 심어졌다. 이 당시 토지 계획이 얼마나 진보적이었는지 현재의 프랑스 남부는 아직까지도 로마의 토지 구획이 농촌의 근간을 이루고 있다.

갈리아 귀족들은 신분 상승을 위해 로마식 이름을 받아들였고, 기독교로 개종하면서 고전 교육을 받기 시작했다. 기독교에서는 빵과 올리브오일, 와인은 강한 상징성을 지니고 있었다. 하느님은 사람들에게 빵의 풍요로움과 올리브오일의 기쁨, 그리고 와인의 겸허한 도취를 베풀어 주었다. 기독교가 확산되면서 종교적인 은혜들은 포도나무와 밀 재배와 연관되고 있었다. 당시에 유행했던 문학 갈래이자 종교적 기록이기도 했던 『성인전Vitae』은 농업을 장려한 성인들과 농부들의 이야기들로 넘친다. 교회와 성직자들은 농업기술을 보존했다. 당시 유럽에서는 현재 와인이 생산되는 곳뿐만 아니라 지금은 추워서 포도를 재배하지 못하는 영국 땅에까지 포도나무가 심어져 있었다. 지금처럼 맛이나 품질에 대한 문제가 아니라 문화 자체가 전파되는 과정이기 때문이었다. 문명화되어 가고 권력을 얻기 시작한 게르만 지배 계층은 와인을 통해 황홀경에 빠졌다. 게르만족이 로마를 점령하는 데는 무력을 동원해서 오랜 세월이 걸렸지만, 와인은 맥주 맛밖에 모르던 야만인들의 정신세계와 일상생활을 빠른 속도로 사로잡았던 것이다.

게르만족들은 빵 만드는 기술을 몰랐기 때문에 짐승처럼

곡물을 있는 그대로 먹었다. 와인도 물을 타지 않고 벌컥벌컥 들이켰다. 로마 작가들은 게르만인들을 술주정뱅이 야만인으로 여겼고 마음속으로 조롱했다. 하지만 로마 상인들은 와인에 대해 무모한 열정을 지닌 게르만족들 덕에 막대한 돈을 벌어들였다. 야만족들은 빵과 와인을 통해 문명화되기 시작했다. 게르만족은 로마의 농사 방식을 배우기 시작했고 자체적으로 와인을 생산했다. 로마는 그리스와 유럽 대륙 사이에서 와인과 농경기술 전파의 매개체 역할을 한 것이다.

게르만족 중에서 가장 강성한 것은 프랑크족이었다. 프랑크란 원래 '강인한 자' '용감한 자'를 뜻했지만 나중에 의미가 확장되어 '자유민'을 뜻하게 되었다. 현재의 프랑스는 '프랑키아'에서 유래했으며, 프랑크족이 지배했던 왕국과 문화적인 영역이라고 정의를 내릴 수 있다.

클로비스Clovis(재위 481~511)와 그의 후계자들이 세운 메로빙거 왕조는 로마 지배를 받고 있는 갈리아를 넘어 독일과 북부 이탈리아까지 그 영토를 확장했다. 프랑크의 왕들은 강한 군주였다. 그의 추종자들은 군주에게 충성을 맹세한 후 거주지와 약탈품을 분배받았으며, 군대는 거칠고 호전적이었다. 전설적인 왕 클로비스는 용감성과 잔인성을 마음껏 발휘하여 프랑크족을 통합했으며, 511년에 수도인 파리를 세움으로써 메로빙거 왕조의 권력 기반을 닦았다. 500년경에는 정통 기독교로 개종했다. 클로비스가 기독교로 개종한 것은 갈로로만 엘리트들의 지지를 받았다. 당시의 행정 조직은 교회 교구에 따라 구성되어 있었다. 개종을 통해 프랑크 왕들은 교회와 결탁하여 더 탄탄한 정치력을 발휘할 수 있었다. 또한 기초 법전인 살리카 법(Salic Law)을 공포함으로써 메로빙거 왕조의 토대를 공고히 하였다. 살리카 법은 로마의 영향을 받은 것이었고 라틴어로 작성되었다. 여기에는 포도나무를 해치는 개인에 대한 징벌도 포함되어 있었다. 와인을 애호했던 로마의 의식이 프랑크 귀족들 사이에도 이미 확고하게 자리잡았음을 보여주는 것이다.

당시의 역사를 상세하게 기록한 이는 투르의 주교 그레고리우스(538~594)였다. 우리가 흔히 암흑의 시대라고 인식했던 것처럼 프랑크 왕들과 갈리아에 대한 자료들은 거의 남아 있지 않다. 그래서 그레고리우스의 저작들은 당대를 이해하는데 가장 도움이 되는 사료이다. 그는 『프랑크사史』를 통해서 클로비스를 위대한 사람으로 묘사했으며 기독교로 개종한 사실을 중대한 일로 기록했다. 그러나 클로비스의 권력욕에 대해서 비판하는 것도 잊지 않았다. 클로비스와 후계자들은 계속해서 영토를 확장해 나갔다. 536년 부르군트족을 복속시켰고, 537년 동고트족으로부터 프로방스를 빼앗았으며, 그후로도 정복 활동은 계속되었다. 중부 유럽의 넓은 부분이 메로빙거 왕조의 손아귀에 들어왔다. 클로비스의 개종으로 인해 메로빙거 왕조는 로마적인 가치를 물려받았으며, 성직자들에게는 혜택과 증여의 폭을 넓혀 주었다. 왕권과 교권은 밀접하게 연관되어 갔다. 하지만 이후의 왕들은 게으른 왕들로 유명했다. 중앙 집권 정치를 끌고 나가기에는 힘이 약했기 때문이었다. 이 때부터 프랑크 왕국에서는 지방 제후 세력들이 지닌 잠재력이 강력하게 드러나기 시작했다. 왕가와 귀족들 간의 결혼과 왕권에 대한 제후들의 견제, 이는 뒷날 더 복잡한 양상을 띠게 된다. 겉으로 보기에는 대제국 같아 보였지만 실제로는 부르고뉴와 브르타뉴는 물론이요 파리에서 가까운 지역에도 다루기 힘든 강력한 세력들이 곳곳에 자리잡고 있었다.

부르군트의 왕녀 클로틸드Clotilde는 남편 클로비스를 정통 기독교로 개종시키는 데 이바지한 인물이었고, 이로 인해 그녀의 이름은 성자의 명부에 오르게 되었다. 클로틸드는 주교의 도움을 받아 클로비스에게 개종을 권유했다. 이때 와인은 정치와 문화에서 정당성을 얻는 데 핵심 역할을 했다.

9세기에 힝크마르가 쓴 『성 레미기우스 전기』에서는 로마 가톨릭의 수호자인 클로비스가 서고트족의 왕 알라리크와 결정적인 전투를 벌이게 됐을 당시의 상황을 묘사하고 있다. 랭스의 주교였던 레미기우스는 축복의 징표로 와인 한 병을 클로비스에게 선사했다. 그러면서 "이 와인이 남아 있는 한 전쟁을 수행할 힘과 열정을 계속 얻게 된다"는 말도 잊지 않았다. 그런데 마술이라도 걸린 것일까 아니면 기적이라도 내린 것일까. 왕과 왕실 사람들 그리고 그 외에 수많은 사람들이 와인을 양껏 마셨는데도 와인은 줄어들지 않았으며, 샘에서 물이 솟아오르듯 새 와인이 다시 채워졌다. 이러한 지원이 전쟁의 승리를 가져왔음은 물론이다. 마치 로마 군사들이 와인을 마시면서 힘을 얻었듯이 와인은 클로비스의 군사들에게도 사기를 북돋아 주었던 모양이다.

실제로 클로비스는 497년경 톨비아크(오늘날의 트리어 북쪽 췰피히)에서 벌어진 알레마니족과의 싸움에서 승리를 거두었다. 개종은 빠르면 496년, 늦어도 506년 크리스마스에 이루어진 것으로 알려져 있다. 투르의 그레고리우스는 클로비스가 로마의 다신교로부터 개종했다고 기록하고 있다. 톨비아크 전투에서 밀리게 되자 클로비스는 승리하게 된다면 세례를 받겠다고 맹세했다. 와인과 얽힌 전설 속에서 클로비스는 기독교로 개종을 했으며, 로마 교회와 프랑크인 사이의 긴밀한 협조를 가능케 했으며, 세속 권력과 종교 권력, 양자 간의 통합을 이루게 했다.

그러나 모두가 와인을 쉽게 받아들인 것은 아니었다. 오랜 문화적 차이를 짧은 시간에 극복하기란 결코 쉬운 일이 아니었다. 클로비스의 후계자인 킬데베르트 왕은 카릴레푸스라는 수도사를 만났다. 왕은 수도사에게 불법으로 거주하면서 농사를 짓고 있는 숲에서 당장 떠나라는 명령을 내렸다. 그러나 수도사는 명령을 거부하고 자신이 재배한 포도로 만든 와인을 내밀었다. 왕은 평화의 표시를 거부하고 더러운 포도즙을 비웃었다. 아직까지 왕들조차 와인보다는 맥주가 더 친숙했던 것일까. 왕은 거처로 되돌아가려 했으나 말이 마법에 걸린 것처럼 꼼짝도 하지 않고 서버렸다. 킬데베르트 왕은 자신의 실수를 깨닫고 수도사에게 용서를 구했고, 자신이 거절했던 와인으로 축복을 내려달라고 부탁했다. 종교적인 깨달음을 얻은 왕은 우정의 표시로 수도사가 내준 와인을 다 마셨다고 한다.

와인을 즐기던 로마인들에 의해 와인에 대한 기호가 알프스 너머 갈리아 땅으로 전파되었다. 북방 야만인들은 와인 마시는 법을 빨리 배웠다. 그리고 모든 것을 재빨리 받아들였다. 게르만족들은 로마인들보다도 포도 재배와 와인 양조를 중요하게 여겼다. 게르만족들은 로마인들이 상상할 수 없을 정도로 엄청나게 마셔 댔다. 연회는 폭력이 오가는 술판으로 바뀌기 일쑤였다. 식사가 끝나도 게르만족들은 완전히 취할 때까지 계속 술을 마시는 것이 일반적이었다. 사람들이 술을 너무 많이 마셨기 때문에 식사 시중을 들던 사람들조차 아무데서나 쓰러져서 잠을 자곤 했다고 투르의 그레고리우스는 기록하고 있다.

메로빙거 왕조 초기에 실제로 발전하고 팽창한 농업 분야는 포도 재배였다. 로마인들이 가는 곳마다 포도를 퍼뜨린 결과는 갈리아 땅에 기독교가 전파되면서 빠르게 자리를 잡았다. 성찬식에 반드시 필요한 음료인 와인은 권력자들과 엘리트들의 음료가 되었다. 이는 와인이 산업에서도 성공한 분야였음을 일깨워 준다. 곡물을 비롯한 농작물 대신 포도 생산에 투자가 증가한 것은 귀족들이 자신들의 취향에 따라 결정권을 행사했음을 의미하는 것이기도 하다. 초기 로마에서 그러했듯이 곡물을 뽑아내고 대신 포도를 경작했던 것이다.

중세 유럽에서는 포도원과 소나무로 둘러싸인 언덕이 있는 토지를 귀족들의 이상적인 영지로 묘사하곤 했다. 클로비스가 소유하고 있던 땅들은 메로빙거 왕조의 부의 기반을 확고하게 다져주었다. 가장 먼저 토지를 차지할 수 있는 왕들의 토지는 완만하게 구릉이 지고 경작하기 쉬운 밭들이었다. 왕이나 귀족 또는 부족의 권력자들은 요새처럼 만들어 놓은 자신의 소유지에 정착하고 싶은 마음을 갖고 있었다. 햇살 바른 언덕이면 어디나 항상 포도밭이 있었다. 거주하는 성을 중심으로 채마밭, 과수원, 양어장, 와인을 저장하는 창고, 방앗간 등이 있었다. 이런 환경은 중세 사람들이라면 누구나 꿈꾸는 것이었다. 그리고 거기에는 문명의 상징인 와인이 언제나 함께 있었다.

샤를마뉴 대제와 수도원의 전통

프랑크 왕국에는 집사 격인 궁재宮宰라는 직책이 있었다. 공교롭게도 왕들은 미성년인 경우가 많았고, 궁재들은 그 틈을 타서 왕국의 수입을 감독하면서 권력과 부를 쌓아 나가고 있었다. 신분은 그다지 높지 않았으나 중국 역사의 환관들처럼 사실상 권력을 쥐고 흔들었던 것이다. 그중 가장 유명한 인물이 카를 마르텔Karl Martell이었다. 그는 714년 궁재가 되었는데, 전장으로 나가 야만족들을 무찌르면서 카롤링거 가문의 이름을 널리 떨쳤다. 포악하고 싸움을 좋아하는 그에게는 '망치(마르텔)'라는 별명이 붙었다.

카를 마르텔은 현재의 보르도와 가스코뉴 지방을 포괄하는 아키텐을 복속시켰고, 732년 에스파냐에서 밀고 올라오던 이슬람 세력을 푸아티에 전투에서 격파했다. 이 승리로 카를 마르텔은 기독교 세력권을 위협하던 이슬람 군대를 몰아내고 서유럽에서 기독교의 권위를 사수했다. 이후 이슬람 세력이 피레네 산맥을 넘어오지 못했으니 그의 용맹이 얼마나 대단했는 가를 짐작할 수 있다. 여러 번의 전투를 거치면서 카롤링거 가문은 군사적으로 또 종교적으로 명성을 떨쳤다. 그러나 카를 마르텔은 왕의 배후에서 막강한 권력을 휘두르고 있었지만 스스로 왕좌에 오르지는 않았다. 푸아티에를 경계로 해서 남쪽으로 펼쳐진 보르도 지방은 현재 전 세계 와인 산업의 모범이나 다름없는 곳이다. 만약 이슬람에게 이 영토를 내주었다면 보르도 와인이라는 말은 더 이상 존재하지 않았을지도 모를 일이다.

파리 노트르담 성당 광장에는 샤를마뉴 대제 기마상이 위풍당당한 모습으로 서 있다. 서양 모든 국가들은 샤를마뉴 대제를 자신의 조상이라고 주장하고 싶어하며, 범汎 유럽주의자들은 그를 '유럽의 아버지'라고 부르며 존경심을 표한다. 771년 형이 사망하자 샤를마뉴 대제는 프랑크 왕국의 유일한 통치자로 등장한다. 바야흐로 카롤링거 르네상스라고 부르는 시대의 시작이었다. 권력을 강화하기 위해 우선 유럽 제패가 시작되었다. 774년 이탈리아 반도로 진출해서 롬바르드족을 진압한 그는 롬바르드족의 왕임을 선포했고, 782년에는 이교도인 색슨족을 물리쳤다. 이때 세례받기를 거부한 색슨족은 사형에 처한다는 칙령을 내렸으므로 교회에서도 샤를마뉴의 존재를 쌍수를 들고 환영했다. 또한 교황 스테파누스 2세에게 점령지를 헌납하여 교황령의 시초가 되게 하였다. 교권은 정신적인 후원을 아끼지 않았으며, 결국 800년 교황 레오 3세는 샤를마뉴의 머리 위에 신성로마제국의 왕관을 씌워 주기에 이른다. 샤를마뉴 대제는 이에 대한 보답으로 교회를 보호했고 주교들이 제대로 역할을 수행할 수 있도록 후원하면서 수도원 건립에도 앞장을 섰다.

부르고뉴 지방에서 가장 좋은 와인이 나는 밭 중 하나가 코르통Corton이다. 동남쪽 사면으로 펼쳐진 언덕에서는 가장 좋은 와인들이 생산되었다. 이 언덕에서 나오는 최고급 화이트 와인은 대제의 이름을 붙여 코르통 샤를마뉴라고 부른다.

전설에 따르면 샤를마뉴 대제는 프랑스 곳곳에 포도원을 갖고 있었지만 코르통 언덕에서 생산된 와인을 가장 좋아했다고 한다. 대제는 언덕을 오랫동안 관찰하다가 봄이 오면 눈이 가장 먼저 녹는 비탈을 골라서 포도나무를 심으라는 명령을 내렸다. 그곳은 포도나무에 햇살이 가장 많이 쏟아지는 경사면이었다. 처음에 그가 마시던 와인은 붉은빛이었다. 그러나 어떤 영웅도 시간의 흐름을 거스르고 불사신이 될 수는 없는 법이다. 샤를마뉴는 늙어 갔고 수염도 하얗게 세기 시작했다. 용맹한 게르만 전사를 연상케 하듯 그 역시 사나이답게 와인을 벌컥벌컥 들이마셨던 모양이다. 황후 뤼트가르드는 대제의 하얀 수염에 레드 와인이 떨어져 빨갛게 된 것을 발견했다. 붉은 수염은 난폭한 이미지를 뜻했다. 황후는 "부정적인 인상에서 벗어나기 위해 화이트 와인을 마시는 게 어떻겠느냐?"고 조심스럽게 권유했다. 그 부탁을 받아들인 대제는 명령을 내려 레드 와인용 포도를 갈아엎고 청포도를 심도록 하였다. 이렇게 해서 탄생한 와인이 부르고뉴 최고의 화이트 와인 중 하나로 각광받는 코르통 샤를마뉴이다. 실제로 샤를마뉴 대제가 좋아했던 술은 사과주라고 알려져 있지만, 와인 역사에서 샤를마뉴 대제는 흥미로운 전설로 남아 있는 것이다.

샤를마뉴 대제는 아헨을 제국의 수도로 정했다. 궁정에는 도서관을 설립했으며, 지적인 환경을 토대로 카롤링거 르네상스라고 부르는 문화적 번영기를 구가하게 된다. 강력한 중앙집권제를 바탕으로 종교와 수도원 개혁도 이루어졌다. 샤를마뉴와 그의 후계자인 경건왕 루드비히 1세는 수도 생활을 지원하기 위해 다양한 조치들을 내세웠고, 10세기 이후 전성기를 맞이하게 될 전통적인 수도원의 모범을 제시하게 된다.

당시의 사람들에게 광범위한 영향력을 끼친 것은 성 베네딕투스(480?~550?)의 수도원 규칙이었다. 베네딕투스가 가장 중요하게 여긴 사항은 "우리는 주님을 섬기는 배움터를 설립해야 한다."는 것이었다. 그의 규칙에 따르면 수도사는 낮 시간의 대부분을 침묵으로 보냈다. 수도사의 생활은 기도, 묵상, 영적 독서, 노동, 식사, 그리고 잠으로 이루어져 있었다. 수도사들은 그의 가르침을 토대로 수도원을 건설하고 기도와 노동을 했다.

910년에는 부르고뉴 지방에 클뤼니 수도원이 설립되었다.

클뤼니 수도원은 오랫동안 번성했지만, 수도사들은 점점 본분을 잊고 부패하기 시작했다. 그들은 지나치게 부유했고 교회를 화려하게 치장했으며, 자격이 없는 사람들도 수사로 받아들이면서 타락해 갔던 것이다. 이에 반발한 로베르라는 수도사는 고행의 원칙을 수행하기 위해서 수도원에서 나와 황무지로 떠났다. 몇몇 추종자들만 데리고 단순한 삶으로 돌아가겠다는 의지를 실현하기 위한 것이었다. 절이 싫으면 중이 떠나는 것이다.

1098년 로베르는 주변에 있는 참나무 숲과 습지, 갈대밭들을 개간해서 부르고뉴 동부에 새로운 수도원을 세웠다. 후일 이 수도원은 시토라는 이름으로 부르게 되었다. 그들은 하얀 승복을 입었으므로 '백白 수도승'이라고 불렸고, 기본적인 원칙들을 추구했다. 시토 수도사들은 성 베네딕투스의 규칙에 충실했다. 클뤼니 수도원에 비하면 훨씬 더 많은 시간을 기도와 영적 독서에 할애했다. 그들은 옛 문헌들을 연구하면서 실생활에 접목했고 고전을 현실 속에 부활시켰다. 시토 교단은 금욕적이었고 완전성에 이르려는 목적을 갖고 있었다. 그들은 은둔과 자급자족을 목표로 하며 청빈하게 살았다. 백 수도승들이 숲과 황무지를 개척해서 만든 것이 포도밭이었다. 옛 서적에서 받아들인 내용들을 실제 농사에서 실천으로 옮겼고, 부르고뉴 지방에서는 우수한 와인들이 생산되기 시작했다. 지금까지 전 세계에서 최고급 와인으로 인정받고 있는 부르고뉴 와인들은 시토 교단이 밭을 일굼으로써 오늘날까지 그 유명세가 이어져 내려왔다고 해도 과언이 아니다. 12세기 초반 서구 사회의 중심은 파리나 런던이 아니었다. 부르고뉴 지방에서 정신세계를 이끌던 수도원들이었다. 수도사들은 필사본을 기록하면서 과학과 신학, 농업기술에 이르기까지 전통을 보존하고 발전해 나갔던 것이다.

외부 세계에 대한 의존도를 줄이기 위해서 성 베네딕투스는 방앗간, 정원, 밭, 여러 물품들을 만들어 내는 작업장 등을 수도원 안에 갖추고 있어야 한다고 가르쳤다. 이런 면에서 수도원은 귀족들이 추구하던 장원과도 유사했다. 자기 영지 안에서 자급자족 경제가 이루어져야 했기 때문이다. 수도원장은 공적인 일을 맡아야 했고, 그 아래 선임자들은 수도원 전체의 관리를 책임졌다. 수도원의 실제 생활을 챙기기 위해 가장 중요한 역할을 맡았던 사람은 물품 관리인이었다. 그는 포도밭과 와인 관리인, 식량 저장과 빵 굽는 것을 책임지는 곡물 창고지기, 식사를 책임지는 주방장 등 조수들을 거느리고 실생활을 관장했다. 수도원의 식료품 담당자가 하는 일은 곡물과 와인 저장고의 열쇠를 관리하는 것이었다. 물론 와인의 보관 상태를 파악하기 위해 맛을 보는 일도 포함되어 있었다.

수도사들은 성찬식에 꼭 필요한 와인을 생산하기 위해 포도나무를 애지중지 살폈다. 12세기의 교회는 와인을 사제들만 관리할 수 있도록 함으로써 성직자들의 지배권을 확보하려 했다. 육체노동의 가치를 중시하는 시토 수도회의 정신은 널리 퍼져 나갔으며 대세를 이루었다. 중세의 토지 경작에서 많은 부분들이 시토 교단을 통해 이루어졌으며, 동쪽으로 뻗어 나간 세력은 미개척지였던 독일 동부 지역을 개간하는 데도 기여했다.

8~9세기부터 수도사들은 원예에 대한 지침들을 내놓았다. 샤를마뉴 대제는 법령(Le Capitulare de villis)을 통해 포도나무를 비롯한 과실수 재배에 관심을 가졌고, 수도사들은 그에 대한 화답처럼 연구 결과들을 발표했던 것이다. 이렇게 고대의 지식들이 궁정과 수도사들을 통해서 전수되었기 때문에 카롤링거 르네상스라는 표현은 당대의 지식 풍토와 잘 어우러진다. 전 유럽에 걸쳐서 왕실, 귀족, 교회, 수도원 등의 주도로 개발이 이루어졌다. 당시의 유럽 사회 어디에서나 먹을 거리를 해결하는 것이 최우선 과제였다. 인간은 개발되지 않은 자연, 즉 야만스런 자연을 문명화하기 위해 노력했다.

11~13세기에는 극적인 변화와 진보들이 이루어졌다. 가축의 힘을 이용한 장비들과 풍차 기술이 등장했다. 기술 발전과 더불어 단백질이 풍부한 농작물을 경작했다. 이런 과정을 통해 경작지가 확대되었으며, 과거와는 다른 음식들이 식탁에 등장하게 되었다. 농업 분야의 생산성 증가는 유럽 인구의 폭발적인 증가와 맞물렸고, 산업의 발달과 함께 농민들이 도시로 이동하는 원인을 제공했다. 유럽 도시들은 엄청난 팽창의 시기를 맞이했다.

중세 불어에는 클로Clos라는 단어가 등장한다. '울담을 두른 밭'이라는 뜻이다. 지금도 부르고뉴 지방에서 생산되는 와인에는 클로라는 단어가 붙는 경우가 많다. 그중 가장 유명한 것은 15만 평에 달하는 그랑 크뤼 밭 클로 드 부조Clos de Vougeot 이다. 1336년 시토 수도원은 이 땅을 기증 받은 후 담을 쌓고 다른 밭들과 구분을 지었다. 순수한 의미의 포도 품종 보존이 이루어졌고, 차별화된 고급 와인을 만들어 냈다. 오랜 전통을 지닌 클로 드 부조에도 프랑스대혁명과 함께 격변이 일어났다. 대혁명이 일어나면서 혜택을 받던 교회 재산은 몰수되었고, 클로 드 부조는 분할되었다. 그때부터 개인들이 밭을 나누어 사들이면서 여러 명의 주인이 공동으로 소유하게 되었다. 현재는 80여 군데의 소유주가 각 고랑마다 다른 와인을 생산한다고 할 수 있을 정도로 각기 다른 스타일의 클로 드 부조 와인을 만들어 내고 있다.

12~13세기에 시토 수도사들은 자신들의 밭을 특별히 관리하기 위해 담을 쳤다. 그래서 부르고뉴 지방에는 아직도 클로라는 이름이 붙은 밭이 많이 남아 있다. 클로 드 부조 외에 고급 와인을 생산하는 대표적인 밭들로는 클로 드 타르Clos de Tart, 클로 데 랑브레Clos des Lambrays, 클로 드 베즈Clos de Beze 등이 있다.

중세에는 모든 미사에 와인을 사용했다. 종교적인 이유 때문에 포도나무를 심은 곳들도 많았다. 포도를 재배하는 지역의 분포도도 지금과는 달랐다. 지금은 연평균 기온이 낮아서 포도나무를 심지 못하는 지역에도 포도나무들을 심었다. 파리 몽마르트르 언덕에는 지금도 당시에 심었던 포도밭이 남아 있어서 먼 옛날의 노동을 떠오르게 한다. 수도원에서는 물을 마시는 것보다 와인을 약간 마시는 것이 더 좋다고 생각했고, 한 끼 식사 때마다 0.27리터의 와인을 지급했다. 와인은 성찬식에 사용하는 것을 기본으로 해서 수도사들의 건강을 지키기 위한 음료였다. 손님을 대접하거나 순례자에게 휴식을 주기 위해서, 병자들을 치료하기 위해서도 와인이 필요했다. 이렇게 생산한 와인들은 수도원에서 소비하거나 시장에서 판매되기도 했다. 와인은 수도원에 일정한 수입을 보장해 주었다.

당시에는 프랑스 전역에 클로들이 있었지만, 현재 클로라는 이름이 붙어 있는 밭은 대부분 부르고뉴에 있다. 수도원 주변의 밭에서는 포도 말고도 여러 농작물을 함께 재배했는데, 대개 도랑에 인접해 있었다. 시토 수도회는 포도를 재배하는 땅을 분석했으며, 그에 따라 밭의 수준을 나누었다. 당시에 이름이 높았던 밭에서 지금까지도 최상의 와인들이 나오는 걸 보면 수도사들의 농업기술은 아주 수준 높았다는 것을 알 수 있다. 시토 수도회가 프랑스 전역으로 퍼져 나가면서 밭들을 세심하게 관찰했고, 그로 인해 포도를 재배하는 밭의 토양과 토질, 미세기후 등을 의미하는 테루아르Terroir라는 개념이 정립되었다.

수도원을 통해 유럽은 기적 같은 번영을 이루게 되었다. 흔히 암흑의 시대라고 불리던 중세는 우리에게 일반적으로 알려진 것보다는 장점이 아주 많다. 인내심 많은 수도사들은 포도 재배에 능했고, 와인 양조의 장인들이었다. 그들은 미래에 대한 안목을 갖고 있었다. 수도원은 영원의 순간을 현실화한 곳이었다. 수도원 생활과 노동은 포도나무와 마찬가지로 신에게 속한 다른 것들과 별개의 일이 아니었다. 와인은 복음을 전하는 수단이었다. 침략해 온 야만인들도 수도원에 그려진 십자가를 보고 되돌아가곤 했다. 수도사들은 수도원을 재건했고 약탈자들로부터 와인을 지키기 위해 노력했다. 와인 항아리를 지하실에 넣어 두는 방법도 약탈로부터 와인을 안전하게 지키기 위한 방편이었다. 이전에 바깥이나 다락방에 보관하던 것에 비하면 혁명적인 보관 기술을 위협 속에서 자연스럽게 발견한 것이다. 이런 과정을 통해 와인은 과거에 비해 오랜 기간 저장할 수 있게 되었고, 포도 재배와 와인 양조는 다변화되어 가는 산업들과 함께 유럽 경제의 중요한 원동력이 되었다.

교회는 교황을 정점으로 광범위하고 체계적인 조직을 만들었다. 교황 아래로 대주교, 주교, 대수도원장, 수도사, 수녀, 마을 사제 등이 있었다. 이런 체제 아래에서 교회는 모든 지역에서 재산을 확보하고 있었다. 수도원은 메로빙거 왕조 때부터 막대한 규모의 토지를 소유하고 있었다. 카롤링거 왕조를 거치면서 교회 소유의 토지는 불수불입권不收不入權이라는 특권을 누리고 있었다. 교회가 갖고 있는 땅은 주변의 귀족들도 함부로 하지 못했다. 내적인 이해관계가 첨예하게 닿아 있었기 때문이다. 많은 수도사들은 묵묵히 노동하고 황무지를 개척하면서 토지를 확장했을 뿐만 아니라 농업기술의 비약적인 진보를 이루었다.

원래 갖고 있던 토지 외에도 부유한 후원자들의 기부가 잇달았다. 재산을 기탁하고 노후에 자신의 몸을 수도원에 의지하는 경우도 많았다. 수도원은 알짜배기 땅들을 갖고 있었으며, 엄청난 양의 곡물과 와인을 보관하고 있었다. 그러나 막대한 부로 인한 폐해들도 적지 않았다. 세속화되어 가면서 초기에는 경건한 마음가짐으로 출발했던 수도원들조차 향락의 길로 빠지기 시작한 것이다. 베네딕투스 규칙에서는 육식을 권하지 않았지만 병에 걸린 수도사들은 예외적으로 고기를 먹을 수 있었다. 어떤 수도원에서는 고기를 먹기 위해 꾀병을 부리는 수도사들도 많았다. 과식과 폭음이 이어지는 경우가 많았고, 원리에 충실했던 시토 수도사들도 독한 와인을 즐겨 마시곤 했다. 이런 음주 습관에 대한 논란들은 많았다. 와인을 많이 마시는 것이 수도사들에게 합당한 일은 아니었지만 그렇다고 해서 완전히 추방하지는 못했다. 지역마다 수도원마다 하루 소비량도 정해졌다. "절도 있게 마시는 적당량의 와인은 탐욕스럽게 들이켜는 엄청난 양의 물보다는 훨씬 더 미덕에 속하기 때문이었다."

아헨 공의회에서는 성직자들이 날마다 마시는 맥주와 와인의 양을 규정했다. 와인이 생산되는 곳에서는 넉넉한 양을, 생산되지 않는 곳에서는 그보다 적은 양을 지급했다. 와인이 생산되지 않는 지역에서는 다른 곳에서 사들여서 수도원 생활에 썼다. 어쩌다가 있는 축제일 행사는 술판이 되기 일쑤였다. 일인당 하루 2리터 가까운 와인을 마실 수 있는 곳들도 있었기 때문이다.

수도원의 전성시대는 지났지만 14세기 초 이탈리아 북부의 어느 수도원을 배경으로 한 움베르토 에코의 『장미의 이름』에는 이런 대목이 나온다.

수도원장의 식탁에서는 약간의 융통성이 있었다. 원장이 자기네 수도원에서 만든 올리브오일과 와인을 자랑할 때마다 합석한 손님들이 장단을 맞추어 주어야 하기 때문이었다. 그는 우리에게 와인을 부어 주면서, 와인과 관련된 회칙의 조항을 인용했다. 즉, 수도사에게 와인이 꼭 합당한 음식은 아니나, 「전도서」에서 일렀듯이 술은 현자를 배교자로 만들 수도 있는 것이니만치 마시되 양은 채우지 않아야 한다는 것이었다.

왕과 귀족, 그리고 교황들의 와인

와인을 사준 사람을 위해 한 번
자유민들은 술을 마신다.
감옥에 있는 이들을 위해 두 번 마신다.
그런 다음 살아 있는 사람들을 위해 세 번 마시고
모든 기독교인들을 위해 네 번 마시고
신앙 때문에 죽은 사람들을 위해 다섯 번 마시고
병든 자매들을 위해 여섯 번 마시고
산림을 지키는 군사들을 위해 일곱 번 마신다.
심부름꾼 형제들을 위해 여덟 번 마시고
뿔뿔이 흩어진 수사들을 위해 아홉 번 마시고
선원들을 위해 열 번 마시고

싸우는 사람들을 위해 열한 번 마시고

회개하는 사람들을 위해 열두 번 마시고

여행 떠나는 사람들을 위해 열세 번 마시고

국왕을 위해서처럼 교황을 위해 그만큼 마신다.

모두들 허가도 없이 마신다.

― 음유시인들이 불렀던 '카르미나 부라나' 중

아비뇽 유수와 교황의 와인

우리나라에 가장 많이 알려진 프랑스 노래 중 하나는 '아비뇽 다리 위에서Sur le pont d'Avignon'일 것이다. 노래 속에 등장하는 다리 위에 서면 눈앞에 론 강이 펼쳐진다. 장엄하게 건설된 교황 궁전도 관광객들을 아비뇽으로 끌어당긴다.

아비뇽은 고색창연한 도시다. 아비뇽이 역사의 주 무대에 등장한 것은 교황이 유폐되면서부터였다. 프랑스의 미남 왕 필리프는 교황 권력과 팽팽한 긴장 관계를 유지하고 있었다. 왕과 사도들 사이의 반목으로 추기경들은 지쳐 있었고, 콘클라베에서는 결국 보르도의 대주교인 베르트랑 드 고Bertrand de Got를 교황으로 선출한다. 교황에게 지속적인 영향력을 행사하고 싶었던 야심만만한 필리프에게 프랑스 출신 교황의 선출이야말로 천재일우의 기회였다. 와인의 중심지라 할 수 있는 보르도 교구는 넓은 포도원을 갖고 있었다. 베르트랑이 대주교였던 시절 갖고 있었던 포도밭 중에는 아직까지도 명성을 갖고 있는 샤토가 있는데, 바로 파프 클레망Pape Clement이라는 포도원이다. 세속명이 베르트랑 드 고였지만 클레멘스 5세로 불렀기 때문에 이를 기념하기 위해 '클레멘스 교황'이라는 이름을 붙인 것이다.

클레멘스 5세는 미남 왕의 눈치를 보았고 로마로 가는 것을 망설이고 있었다. 그는 결국 안전을 보장받을 수 없는 로마로 가지 않고 재위 마지막 기간 동안 아비뇽에 있는 수도원에서 머무르기로 결정을 내린다. 아비뇽은 교황청과는 아무런 관련이 없는 도시지만 파리에서 가까웠고, 필리프와의 밀월 관계도 유지될 수 있었다. 아비뇽에 거처를 정한 교황은 오히려 속이 편했다. 프랑스 왕과는 타협을 하면서 지내면 되었고, 신성로마제국 황제의 간섭을 피할 수 있었기 때문이었다. 교황 쪽에서 보면 껄끄러운 상태였지만 왕권을 강화하고자 했던 필리프로 인해 정치 상황이 무척이나 복잡한 시기였다. 미남 왕 필리프가 재산을 몰수하기 위해 성전기사단을 처벌하겠다며 협박했을 때도 클레멘스 5세는 받아들일 수밖에 없었다. 그렇게해서 성전기사단장 자크 드 몰레는 파리 시민들의 눈앞에서 화형장의 한 줌 재가 되고 말았다. 화형당하면서 퍼부은 자크 드 몰레의 저주 때문인지 왕과 교황은 같은 해에 잇달아 죽음을 맞이하게 된다. 교황청을 일부러 끌어들인 탓인지 프랑스의 정치 상황은 혼란을 향해 치닫고 있었다.

교황이 아비뇽에 오랜 기간 머물게 되면서 웅장한 교황청이 건축되었고, 막대한 자금을 끌어 모을 수 있었다. 교황청은 아예 아비뇽과 주변 영지를 사들이기로 했다. 1348년 클레멘스 6세는 나폴리 왕국에 대금을 완불한 후 교황령으로 삼았고 프랑스에 병합되기까지 400여 년 동안 교황의 통치 아래에 있었다. 아비뇽 생활은 전통적인 로마 교황에 비하면 훨씬 더 세속성이 강했다. 바빌론 유수에 견주어 아비뇽 유수라는 표현이 당대인들 사이에서도 사용되었다. 아비뇽 교황청에 대해 기독교인들은 반발했고, 여론의 압력에 못 이겨 1376년 교황은 로마로 돌아가게 된다. 이후 한동안 로마와 아비뇽에는 교황과 대립 교황, 두 명의 교황이 존재하게 되었다. 교황이라는 직책도, 교회도 두 개로 분열된 시기였다.

교황은 아비뇽에서 동북쪽으로 10킬로미터 가량 떨어진 작은 마을 오랑쥬 근처에 여름 별장을 지었다. 규모가 컸던 별장은 교황이 로마로 귀환함에 따라 지금은 폐허가 되어 버렸다. 언덕 마루에 잔재가 남아 있는 별장은 교황의 아비뇽 시대가 매우 화려했음을 짐작케 한다. 교황청에서는 샤토뇌프 칼세니에르Chateauneuf Calcernier라는 포도 종자를 심었다. 아비뇽 인근에서 종교 의례에 사용할 와인들을 양조했던 것이다. 지금도 별장을 둘러싸고 있는 언덕 사면에는 포도밭이 펼쳐져 있다. 현재 여기서 생산되는 와인은 마을 이름을 따서 샤토뇌프 뒤 파프Chateauneuf du Pape라고 부른다. 옛 영화를 찾아볼 수 없을 정도로 여름 별장이 허물어져 버려서 아이러니하게 들리겠지만 샤토뇌브 뒤 파프는 '교황의 새로운 성'이라는 뜻이다.

백년전쟁과 보르도 와인

중세에 가장 막강한 권력을 쥐고 있었던 여인은 여공女公 엘레오노르일 것이다. 1137년 성지 순례를 다녀온 아키텐 공작 기욤이 갑작스러운 죽음을 맞이하자 15세의 딸 엘레오노르는 막대한 영지를 상속받았다. 보르도와 가스코뉴 등 남서부 프랑스의 광활한 영토를 보유한 그녀는 서유럽 최고의 신붓감이었다. 그녀가 소유한 영지는 프랑스 왕의 영토보다도 넓었다. 여러 귀족들의 구혼을 받던 엘레오노르는 프랑스 왕 루이 7세와 결혼했으나 왕은 자신의 삼촌과 잠자리를 같이 했다는 이유를 들어 그녀와 이혼을 하게 된다. 그래도 엘레오노르는 여전히 매력이 있었고 막대한 부호였다. 구혼자들이 줄을 이었고, 납치될 위협까지 겪었으나 그녀는 장래가 촉망되는 연하의 젊은 헨리 플랜태저넷과 재혼한다. 헨리는 후일 영국 왕 헨리 2세로 즉위하게 되니, 엘레오노르는 프랑스와 영국 사이를 오가며 양국 왕실을 호령한 권력자가 된다. 엘레오노르는 루이 7세와 결혼하면서도 자신의 영지에 대한 소유권을 보장받았다. 그로 인해 헨리 2세와 결혼하면서 아키텐의 비옥한 토지는 영국의 소유가 되고 말았다. 프랑스 영토 안에 있지만 실질적인 소유주는 도버해협 너머 영국 왕실이라는 사실은 프랑스 입장에서는 골칫거리였다.

엘레오노르가 자신의 영지를 가져가기 전까지 영국은 주로 라 로셸 지방에서 와인을 사들이고 있었다. 노르망디 출신의 헨리 2세는 프랑스 안에 있던 봉토를 많이 상실하고 있었고, 보르도와 라 로셀 사이에서는 국부적인 전투가 벌어지고 있었다. 이러한 분쟁으로 인해 라 로셀산 와인은 사양길을 걷기 시작했다. 영국은 보르도의 충성심을 확보하기 위해서 많은 혜택을 주었다. 세제에서 우대를 받은 보르도 와인 상인들은 손쉽게 부를 거머쥐었고, 와인 상인들 중에는 기사 행세를 하는 자들까지 나올 정도였다. 1224년 영국은 자신들의 항구에 라 로셀 와인이 상륙하는 것을 금지했다. 영국에서 소비되는 와인의 75%가 보르도산으로 채워졌다. 영국인들은 보르도산 와인을 사랑했다. 뒷날 그들은 보르도산 레드 와인을 클라렛Claret이라고 부르면서까지 즐겨 마셨다. 심지어 에드워드 2세 같은 경우는 해마다 최상급 와인 50통을 바치는 조건으로 생테밀리옹의 시장 선출권을 허용해 주기도 했다. 지롱드 강을 따라 영국 함선들이 와인을 사기 위해 들어왔고, 중세 보르도는 와인 무역을 통해 나날이 발전하고 있었다.

4세기경 시인 오조니우스Ausonius는 보르도 와인을 높이 찬양했다. 오조니우스는 보르도 출신이라서 고향의 맛을 예찬했지만, 보르도 와인이 중심에 등장한 것은 엘레오노르 이후의 일이라고 해도 과언은 아니다.

백년전쟁은 1337년부터 1453년까지 여러 차례에 걸쳐 휴전과 전투를 되풀이하면서 프랑스 땅을 전장으로 삼아 지속된 전쟁이다. 1328년 카페 왕조의 샤를 4세는 남자 후계자 없이 사망했다. 중세 상속권을 놓고 보면 왕위 계승권은 영국 왕 에드워드 3세에게 더 가까이 있었다. 에드워드 3세는 어머니가 카페 왕가 출신이라는 이유를 들어 프랑스 왕위를 계승할 권리가 있다고 주장했다. 그러나 샤를 4세의 사촌 형제인 발루아 가문의 필리프 6세가 왕위에 등극해 버렸다. 양국 간의 대립은 심각한 상황 악화를 가져 왔다. 에드워드 3세는 프랑스 경제를 혼란에 빠뜨리기 위해 플랑드르에 수출하던 양모 공급을 중단했고, 필리프 6세는 프랑스 안의 영국 영지인 보르도와 가스코뉴 지방의 몰수를 선언했다. 원래 플랑드르는 프랑스 왕의 종주권 아래 있었지만 유럽 최대의 모직물 공업지대로 번창했다. 원료가 되는 양모의 최대 공급국인 영국이 이 지방을 경제적으로 장악하고 있었다. 아키텐 역시 유럽 최대의 와인 생산지였으므로 프랑스 왕들은 언제나 이 두 지방의 탈환을 바라고 있었다. 따라서 전쟁의 근본 원인은 이 두 지방의 쟁탈을 목표로 한 것이었다.

사랑에 빠져 전쟁을 주저하던 에드워드 3세를 자극한 것은 연회 석상이었다. 프랑스 출신이지만 영국에 충성을 다하던 로베르 아르투아 백작은 식사를 하던 에드워드 3세 앞에 황금 쟁반을 내려놓고 일장 연설을 늘어놓았다. "전하! 이 세상 어느 새라도 이놈보다 겁이 많지는 않습니다. 소신은 세상에서 가장 겁쟁이인 전하께 이 왜가리를 바칩니다. 왜냐하면 전하께서는 용기가 없어서 당연한 유업을 되찾지 못하고 있기 때문입니다." 이른바 '왜가리 연회'에서 자극을 받은 에드워드 3세는 프랑스와 전쟁을 하기로 결심하게 된다.

초반전 분위기는 영국이 압도했다. 그러나 승승장구하던 영국은 성처녀 잔다르크가 나타나자 수세에 몰리기 시작했고, 결국 프랑스 안의 영지들은 프랑스 군에 의해 거의 회복된다. 영국 왕들의 영지였던 노르망디 땅은 순순히 프랑스의 지배를 받아들였지만, 보르도는 그렇지 않았다. 보르도 사람들은 영국인들이 지배하던 때를 그리워하고 있었다. 영국은 보르도에 수많은 권리를 주었지만 프랑스 지배 아래에서는 과중하게 세금을 징수해 가는 것이 두려웠기 때문이다. 보르도 유지들은 영국군의 귀환을 부탁했고, 노장 탈봇Talbot이 군대를 이끌고 상륙하게 된다. 그러나 1453년 7월 17일 카스티용 전투에서 탈봇이 장렬하게 전사하면서 전쟁은 끝났고 보르도는 영원히 프랑스 영토가 된다. 하지만 탈봇의 이름은 샤토 탈보로 남아서 오늘날까지 명성을 구가하고 있으며, 보르도 와인은 영국을 비롯한 앵글로색슨계 국가들에 가장 많이 수출되고 있다. 영국과 보르도 사이의 우호 관계와 한 번 맛을 들인 와인에 대한 기호는 지속되고 있는 것이다.

부르고뉴 공작들과 피노 누아 와인의 순수성

1364년부터 1477년까지 발루아 가문의 공작들은 4대에 걸쳐 부르고뉴를 통치했다. 그들은 부르고뉴 공작 령을 통치하면서 프랑스와 때로는 가깝고 때로는 적대 관계를 유지했다. 백년전쟁 기간 동안 프랑스 왕은 권력이 약해져 있었다. 우연히도 프랑스 와인의 양대 생산지라 할 수 있는 보르도와 부르고뉴가 프랑스 왕권에 대항하던 시기에 맞물려 있었다. 보르도는 영국 왕가에 속했던 것이 원인이었지만, 부르고뉴 공작들은 정치적 야심이 만만치 않았고 혼인을 통해 팽팽한 외교 정책을 펼쳤기 때문이다. 부르고뉴 공작령은 과거에 비하면 지리적으로 축소되었으나 여전히 매력 넘치는 영토였다. 초기 발루아 공작들은 대담공(the Bold)과 대담무쌍공(the Fearless)으로 불릴 정도로 용감했다. 과거의 영화를 되찾기 위해서는 과감한 시도를 감행해야 할 필요성을 느끼고 있었다. 주변 몇몇 구역을 합병하여 영토를 확장하는 일은 그들에게 그다지 어려운 일이 아니었다.

발루아 가문이 공작이 되기 전에도 부르고뉴는 황금기를 누리던 시절이 있었다. 기독교 신앙의 거점으로서 클뤼니와 시토 교단이 서유럽 전체에 영향력을 끼치던 때였다. 부르고뉴는 교역과 여행의 십자로였으며, 수도원 조직과 함께 선진 포도 재배 기술을 각 지역으로 퍼뜨렸다. 모든 면에서 풍요로운 영토가 발루아의 소유가 된 것이다. 초대 공작인 대담공 필리프는 24세의 나이에 공작으로 임명되었다. 아버지는 백년전쟁 중 에드워드 3세의 아들인 '흑태자'의 포로가 되는 수모를 당했던 장 2세였다. 필리프는 힘을 키우기 위해 계산된 결혼을 했다. 상대는 플랑드르 백작의 상속녀인 마르가레트였다. 이로써 부르고뉴는 플랑드르의 선진 문화를 쉽게 받아들이게 된다. 필리프는 주로 파리에 머물렀고 통치를 위해 디종에 의

회를 설치했다. 예술에 관심이 많았던 필리프는 미술과 조각, 음악 등을 후원했으며 이러한 취향은 이후 발루아 공작들의 특질이 된다. 필리프는 사교성이 좋았다. 연회(banquet)를 구체적으로 창안해 낸 것도 그였다. 이 시기에 시작된 연회란 둥그런 테이블을 둘러싸고 있는 벤치(banc)에 앉아서 식사를 하며 즐기는 것이었다. 그는 부르고뉴 남쪽의 작은 마을 볼네Volnay에 성을 건설했다. 경치는 아름다웠고 냇물은 맑았으며 울창한 숲에는 사냥터가 있었다. 이 마을에서 가장 유명한 포도밭은 '공작의 밭(Clos des Ducs)'이라는 이름으로 지금도 남아 있다. 와인을 사랑했던 필리프는 공작령 안에서 생산하는 와인의 품질을 지키기 위해서 극도로 보수적이었다. 1395년 필리프는 영지 안에 심은 가메Gamay 품종을 모두 뽑아 버리라는 엄명을 내린다. 포도가 불쾌하고 불충하다는 이유에서였다. 지금도 여전히 순수성을 간직하고 있는 부르고뉴 품종인 피노누아Pinot Noir의 세계가 열리는 순간이었다. 부르고뉴의 황금 언덕들은 공작들을 위한 진정한 와인 셀러가 된다.

필리프가 40여 년 동안 통치한 후 아들인 대담무쌍공 존이 작위를 물려받았다. 존도 네덜란드 여인과 결혼했으며, 행정체계를 개선했고, 파리에서 호사스럽게 살았다. 영지에서 가져온 와인들은 공작만큼이나 화려함을 뽐냈다. 그러나 그는 불행히도 짧은 권세를 누리다가 암살당하고 만다. 3대 공작이 된 선량공(the Good) 필리프의 가슴속에는 아버지에 대한 복수심이 가득 차 있었다. 그런 이유로 그는 영국과의 동맹을 택했고 프랑스 왕권을 위협했다. 잔다르크를 생포해서 영국에 넘겨 준 것은 선량공의 군사들이었고, 공작은 프랑스 왕에게 봉신으로서의 의무를 거부했다. 그는 기사도의 이상적인 세계를 존중한 인물이었다. 그리스 신화에서 영감을 받아 황금 양모 기사단을 설립했으며, 예술적으로도 반 에이크 같은 화가들을 후원했다. 이 기사단은 아주 배타적이었지만 동시에 아주 국제적인 조직이기도 했다. 선량공의 재상이었던 니콜라 롤랭은 1443년 본 구제원(hospices de Beaune)을 설립했다. 화려하게 지은 이 건물에서 빛나는 형형색색의 기와들을 보면 당시 부르고뉴 공국의 영화를 보는 듯하다. 구제원은 빈민을 치료하는 자선 병원이었다. 수녀들은 서민들을 치료하면서 신의 자비를 베풀고자 했다. 그 전통이 이어져 해마다 11월이 되면 와인 경매가 열린다. 여기서 얻은 수익금은 모두 자선사업을 위해 쓰이게 된다. 그 시대의 '노블리스 오블리주' 정신이 전통으로 이어지고 있는 것이다.

마지막 공작은 용담공(the Rash, 경솔공으로 부르기도 한다) 샤를이었다. 공국의 힘은 정점에 다다라 있었다. 네덜란드, 룩셈부르크, 쥐라 등 광대했던 과거의 영토들은 대부분 복구되었다. 부르고뉴는 서유럽에서 가장 강력한 군대를 보유하고 있었다. 샤를은 오스트리아를 갖고 싶은 야심을 가졌고, 투르크의 위협에 처한 프리드리히 3세를 위해 군대를 파견하기도 했다. 그러나 겨울에 스위스를 정복하기 위해 원정을 떠났다가 실패하자 세력은 빠르게 약화되었고, 낭시를 공격하다가 한겨울 벌거벗은 시체로 발견되고 만다. 상상할 수 없을 정도로 비참한 대공의 죽음이었다. 이로써 발루아 공작들의 시대는 막을 내린다. 샤를의 딸 마리는 합스부르크 가문과 결혼했고, 용담공이 지녔던 오스트리아 지배에 대한 열망과는 달리 오히려 공작령의 일부가 합스부르크 가문에 속하게 되었다.

베르사유 궁정을 휩쓴 와인 열기

『프랑크사』를 쓴 투르의 그레고리우스는 와인에 대해서도 관심이 많았다. 그는 부르고뉴 와인을 즐겨 시음했다. 그레고리우스는 당시 최고로 평가받던 그리스나 팔레스타인 와인에 비해 부르고뉴산 와인이 떨어질 게 없다는 평가를 내렸다. 13세기까지는 화이트 와인이 인기가 높았다. 그러면서 서서히 도수가 높은 와인들에 대한 관심이 높아졌다. 이후에는 보르도와 부르고뉴 와인들이 명성을 얻기 시작했다. 『수상록』의 저자이자 부르봉 왕조의 시조 앙리 4세를 위해 일하기도 했던 몽테뉴는 보르도의 와인 상인 집안 출신이었다. 경제적으로 넉넉했던 몽테뉴는 고급 호텔에 묵으면서 이탈리아 여행을 즐겼다. 이때 남긴 기록들은 여행기로 간행되었다. 몽테뉴는 자신에게 제공된 와인에 대한 불만을 솔직하게 털어놓기도 했다. 출신이 출신이니만큼 식사 때 나온 와인의 품질에 민감할 수밖에 없었던 것이다. 몽테뉴는 나중에 보르도 시장을 역임하면서 고향의 와인 산업과 직접적인 관계를 맺기도 했다.

지금은 샹파뉴Champagne, 즉 샴페인이라면 기포가 있는 와인을 뜻한다. 하지만 원래 샹파뉴 와인은 레드 와인이었고, 오늘날과 같은 기포가 있는 와인이 만들어진 건 17세기 말엽의 일이었다. 대관식 의례에 사용된 탓인지 프랑스 왕들은 전통적으로 샹파뉴 와인을 선호했다. 루이 14세는 샹파뉴 와인과 비스킷을 너무 많이 먹다가 통풍에 걸렸다고 한다. 태양왕의 주치의였던 파공Fagon은 국왕에게 부르고뉴 와인을 마시도록 처방해 주었다. 이렇게 해서 왕실에서 부르고뉴와 샹파뉴 와인은 서로 라이벌 관계가 된다. 이 시기에는 레드 와인이 더욱 약효가 우수한 것으로 알려지기 시작했다. 사람들은 와인이 건강을 지켜 주며 정신을 맑게 해준다고 믿고 있었다.

우리나라에서 가장 유명한 샴페인은 아마도 동 페리뇽Dom Perignon일 것이다. 베네딕트 교단의 수도사였던 동 페리뇽은 태양왕 루이 14세와 같은 해에 태어나서 같은 해에 죽었다. 루이 14세가 절대 왕정을 확고히 구축했다면, 동 페리뇽은 샴페인의 명성을 확고하게 만든 인물이다. 그는 흔히 샴페인의 발명자로 알려져 있다. 동 페리뇽은 랭스에서 멀지 않은 오비예Haut Villers의 수도원에서 와인을 관리하는 셀라 마스터로 평생을 지냈다. 이곳에는 지금도 그의 일생과 와인을 만들던 모습들이 보존되어 있다.

동 페리뇽은 장님이어서 앞을 볼 수 없었지만 후각이 민감했고, 맛에 대한 기억력이 뛰어났다. 그는 향을 맡으면 와인이 어떤 맛으로 변화할지 예측할 수 있는 능력이 있었다. 그는 가을이 오면 밭으로 나가 포도 맛을 보면서 자신이 만들 샴페인 맛을 미리 예상했다. 그리고 밭에 심은 여러 품종을 섞어서 와인을 만드는 시도를 처음으로 했다. 지금은 블렌딩이라는 기법이 일반화되었지만 당대에는 혁명적인 일이었다.

샹파뉴 지방은 북쪽에 있는 탓에 날씨가 쌀쌀한 편이다. 추운 날씨에서 자란 포도는 당분이 모자라는 경우가 많다. 당도가 낮은 경우에는 알코올로 만들기 위해서 설탕을 집어넣는 경우가 있다. 겨울철 낮은 온도에서 보관되던 와인은 봄이 되면서 기온이 올라가면 잠들어 있던 이스트가 깨어나면서 병이 터지는 경우가 생긴다. 유리의 강도가 약했던 시절이라서 병들이 연쇄 폭발을 일으키기도 했다. 이런 폭발성 때문에 샴페인은 '악마의 와인'이라는 별명으로 불리며 불안감을 조성하기도 했다. 지금은 누구나 샴페인의 기포가 아름답다고 여기지만 압력 때문에 생기는 위험을 막는 방법을 알지 못했던 시절의 일이다. 동 페리뇽은 꾸준한 실험을 통해서 와인을 병에 넣은 상태에서 재발효되는 것을 피했고, 지금 철끈으로 묶는 것처럼 병마개를 끈으로 묶어서 고정했다. 그리고 단단한 유리병에 솟아오르는 기포를 가두기 위해 코르크 마개를 사용했다. 동 페리뇽의 방법론은 효율적이었고, 다른 생산자들도 이 방식을 따라가게 된다. 이런 업적을 쌓은 동 페리뇽을 흔히 '샴페인의 아버지'라고 부른다. 그는 샴페인을 마시면서 "나는 별을 마시고 있소!"라는 말을 남겼다고 한다. 장님인 그가 어떤 방식으로 기포가 솟아오르는 모습을 느꼈는지는 모르

겠지만.

샴페인이 꽃을 피운 곳은 베르사유 궁전이었다. 루이 15세의 치세는 화려한 궁중 사교 문화를 만방에 알리던 때였다. 왕의 정부는 로코코 예술을 후원했던 퐁파두르Pompadour 후작부인이었다. 퐁파두르 부인은 단순히 아름답기만 한 것이 아니었다. 교양이 풍부한 그녀는 루이 15세의 즐거운 이야기 상대이기도 했다. 살롱 문화를 이끌었던 퐁파두르 부인의 주변에는 언제나 예술가들이 넘쳤고, 화가들은 그녀의 초상화를 여러 점 그렸다. 장식미가 넘치는 18세기의 로코코 정신과 가볍고 쾌활한 샴페인은 아주 잘 어울렸다. 퐁파두르 부인도 샴페인을 즐겨 마셨다. 황금빛 기포는 로코코 예술처럼 아름다움과 우아함의 상징이었다. 샴페인을 아꼈던 퐁파두르 부인은 "여자가 마셔도 추해지지 않는 유일한 술은 샴페인이다"라는 말을 남김으로써 샴페인 문화를 대변했다. 베르사유 궁전은 샴페인 기포에 환희를 느끼고 있었다.

명 재상 리슐리외의 조카이기도 했던 정치가 리슐리외 공은 지방 장관 직무를 수행하기 위해 보르도 지방으로 내려갔다. 몸이 허약하다고 느꼈던 그는 피로를 풀기 위해 우유로 전신 목욕을 했다. 그러자 보르도에는 이상한 소문이 나돌았다. 리슐리외의 하인들이 그가 목욕했던 우유를 몰래 내다 판다는 소문이었다. 당연히 보르도 사람들이 한동안 미심쩍은 눈초리로 우유를 보았음은 물론이다. 여전히 몸 상태가 좋지 않다고 느낀 리슐리외는 처방을 받아서 와인을 마시기 시작했다. 보르도 레드 와인 예찬론자였던 그의 이름을 따서 사람들은 '리슐리외의 탕약(tisane de Richelieu)'이라고 불렀다. 리슐리외는 보르도 와인의 전통을 알린 유명 인사이자 홍보대사였던 셈이다.

임기를 마치고 파리로 돌아온 리슐리외는 말을 달려 베르사유로 향했다. 루이 15세를 알현한 자리에서 왕은 리슐리외의 젊어진 모습을 보고 깜짝 놀라 물었다. "아니 공은 어찌 된 게 보르도로 떠나기 전보다 25년은 젊어 보인단 말이오?" 리슐리외가 황송하다는 듯이 대답했다. "폐하, 제가 젊어지는 샘물이라도 찾았겠습니까? 저는 기운을 돋우어 주는 샤토 라피트Lafite라는 와인을 찾았습니다. 그 맛은 마치 올림푸스의 신들이 마신다는 암브로시아 같았사옵니다."

보르도에서도 최고의 와인으로 인정받던 샤토 라피트는 이렇게 리슐리외를 통해서 궁중에 소개되었다. 제2의 젊음을 찾을 수 있다는 소문은 왕까지도 관심을 기울이게 만들었고, 귀족들은 유행을 좇아 너나 할 것 없이 라피트를 구하기 위해 법석을 떨었다. 지금으로부터 250년 전 베르사유에 소개된 와인은 그때만 잠시 반짝 빛났던 것이 아니다. 금융 재벌 로칠드Rothschild 가문에서 사들이면서 샤토 라피트 로칠드로 이름만 바뀌었을 뿐 여전히 보르도를 대표하는 와인으로서 자리를 확고히 하고 있다. 거짓말을 하지 않는 대지의 영원성이란 세월이 흘러도 변함없는 모습으로 인간들을 대하고 있는 것이다.

전 세계에서 가장 비싼 와인은 부르고뉴의 로마네 콩티Romanee Conti이다. 연간 생산량은 겨우 5천 병 안팎이며, 가격은 해마다 다르긴 하지만 병당 4백만 원 가량이다. 로마네 콩티가 생산되는 포도밭은 8세기부터 존재했던 것으로 알려져 있다. 명주로 알려진 로마네 콩티가 역사의 한가운데 등장한 것은 1760년 매물로 나오면서부터였다. 루이 15세의 치세 때 궁정에 알려진 유명 포도원들이 객관적인 평가를 제대로 받기 시작했다. 그때까지 포도밭은 그냥 로마네라는 간단한 이름으로 불렸다. 왕의 정부인 퐁파두르 부인도 이 밭에 눈독을 들였으나 결국 포도원을 사들인 건 루이 프랑수아 드 부르봉Louis Francois de Bourbon이었다. 그의 성에서 알 수 있듯이 그는 부르봉 왕가의 일원이었다. 루이 프랑수아는 영지로 소유하고 있던 프랑스 북부의 작은 마을의 이름을 따서 '콩티의 왕자'라고 불렸다. 로마네 와인은 그의 작위를 붙여 로마네 콩티가 된 것이다.

루이 프랑수아 드 부르봉은 명성이 자자한 군인이었다. 7년 전쟁에서 세운 공훈은 단순히 그가 혈통이 좋아서 권력을 가졌던 것만은 아니었음을 알려 준다. 그는 요한 기사단과 말타 기사단을 이끌면서 존경을 받았다. 무관이었지만 문화에도 관심이 많았다. 루소와 디드로 같은 계몽주의자들로부터 조언을 받았으며, 몰리에르와 보마르셰 같은 극작가들은 그를 위해 공연을 열기도 했다. 신동으로 알려진 모차르트를 초청해서 연주회를 열기도 했다. 루이 프랑수아는 매주 월요일 자신이 거주하던 성당 기사단 궁전(Palais du Temple)에 친분이 있는 인사들을 초청해서 연회를 열었다. 실내에는 은은한 음악이

흘렀고 호사로운 식사가 준비되었다. 루이 프랑수아는 로마네 밭을 사들인 이후로 생산되는 와인을 시장에 내놓지 않았다. 오로지 자신과 친구들을 위해서만 사용했다. 월요일 저녁 특별 연회에는 로마네 콩티가 아낌없이 나왔다고 한다. 사람들은 소문으로만 듣던 로마네 콩티를 맛보고 싶어도 구경조차 할 수 없었다. 루이 프랑수아의 지인들만 그 맛을 볼 수 있었을 뿐이다. 이런 폐쇄성과 희소성 때문에 로마네 콩티의 명성은 더욱 높아져 갔다.

처음에는 그저 와인이 존재했을 뿐이다. 지속적으로 와인을 마시면서 사람들은 등급의 높고 낮음을 분류하기 시작했다. 처음에는 어느 지역에서 난 와인들이 좋다 하는 정도였으나 수도원 시대부터는 밭에 따라 품질을 구분할 정도로 세분화되었다. 부르고뉴 수도사들은 이런 말을 남겼다. "가장 높은 언덕에서 난 와인은 교황을 위하여, 중간 사면에서 생산된 와인은 추기경들을 위하여, 낮은 지대에서 만든 와인은 주교들을 위해 보관해 둔다"는 것이다. 대지와 햇살의 축복이 어떻게 포도에 와 닿는지 사람들은 오랜 시간 동안 경험을 통해 알게 되었다. 그 과정은 좋은 와인을 만드는 지식이 되고, 삶을 풍요롭게 만드는 지혜가 된다. 시인 폴 베를렌은 이런 글을 남겼다. "우리 앞에 놓인 와인들은 저마다의 풍경을 가지고 있다." 앞으로 접하게 될 와인은 우리에게 어떤 인상을 남기게 될까.

와인, 그 다양한 이미지들

프랑스 왕 장 2세의 아들이며, 대담공 필리프의 형인 장은 베리 공작의 작위를 부여받았다. 베리 공작은 필사본 수집가로 유명했다. 한쪽 한쪽마다 일일이 공을 들여 써내려간 필사본을 모은다는 것은 웬만한 재산가가 아니고서는 불가능한 일이었다. 그는 랭부르Limbourg 형제에게 일 년 동안 벌어지는 일들을 한 달마다 그림이 바뀌는 달력처럼 그리게 했다. 신의 은혜에 화답하는 듯 화려하게 채색된 '귀중한 성무'에는 사계절과 귀족들, 성과 마을, 그곳에서 일하는 사람들의 모습이 생생하게 담겨 있다. 1월은 신년 축제로 시작하고, 12월은 산돼지 사냥으로 끝난다. 귀족들은 아름다운 의복을 입고 외출하며, 매 사냥을 떠나기도 한다. 장원을 지탱하는 농부들의 모습도 잘 표현되어 있다. 밭을 갈고, 건초를 거두어들이고, 추수하고, 양털을 깎으며, 돼지를 먹이기 위해 도토리를 채취한다. 당시의 생활을 몰래 숨어 엿보는 것 같다.

그중 9월을 묘사한 장면에서 농부들은 포도를 수확하고 있다. 배경에 자리 잡은 언덕 위에는 수많은 탑들로 장식된 웅장한 성이 보인다. 성에서 내려오는 언덕배기에는 포도밭이 펼쳐져 있다. 농군과 아낙들 몇몇은 허리를 구부린 채 포도를 따서 작은 바구니에 담고 있으며, 어떤 이는 갓 딴 포도를 먹으며 갈증을 달래고 있다. 잠시 허리를 펴고 쉬고 있는 이들도 보인다. 노새는 마구 양쪽에 건 바구니에 포도가 가득 차기를 기다리고 있다. 소 두 마리가 끄는 우마차에는 커다란 통이 실려 있다. 수확을 마치고 통을 채운 우마차는 성을 향해 느릿느릿 움직이고 있다. 이제 성 안에서는 술을 담그는 작업이 벌어질 터이다. 몇백 년이 지나도 변함없이 벌어지고 있는 가을철 프랑스 농촌의 정경이다.

네덜란드 화가 대大 브뤼겔은 농촌 풍경을 아주 드라마틱하게 그려 낸 화가이다. 1560년대에 그린 '농가의 결혼잔치'는 미술 역사에서 농민들이 주인공으로 등장한 최초의 그림일 것이다. 집 안에서는 한참 피로연이 벌어지고 있다. 누가 혼례를 치르든 결혼식은 마을 사람들 모두를 즐겁게 만드는 행사였다. 브뤼겔은 날카로운 시선과 웃음과 재치로 서민들의 모습을 바라보았다. 그림 중앙에 걸린 검은 천 앞에 얼굴이 발그레한 채 앉아 있는 여자가 피로연의 주인공인 신부일 것이다. 잔치가 한참인지 멀리 보이는 문으로는 하객들이 계속 들어오고 있다. 사람들은 먹고 마시고 이야기를 나눈다. 악사들은 분위기를 돋우기 위해서 흥겨운 음악을 연주하고, 두 남자는 떼어낸 문짝 같은 나무 판때기 위에 음식을 올려놓고 나르고 있다. 가난한 시골이라 먹을 거라곤 죽밖에 없어 보이지만 사람들은 모두 축제를 즐기고 있다. 모자를 쓴 어린아이는 바닥에 털썩 앉은 채 손가락을 빨고 있다. 죽밖에 없어도 사람들 마음은 흐뭇하지만, 그나마도 아이에게는 모자란 모양이다. 구석에 있는 남자는 항아리에 담긴 술을 테이블 위에 올려놓을 병으로 옮기고 있다. 음식은 거친 죽밖에 없으니 술이라도 넉넉히 주려는 모양이다. 가나의 결혼식도 결코 화려하지는 않았을 것이다. 이것이 평범한 농민들의 일상이었다. 브뤼겔은 막와인 한 잔에도 모두가 즐거움을 느끼는 모습을 화폭에 담아 16세기 네덜란드 사람들의 모습을 생동감 넘치게 보여주고 있다.

성경과 신화 속 이야기들은 회화와 조각으로 구체화되었다. 예수의 삶은 많은 화가들이 즐겨 그리는 주제였다. 주문하는 이들은 돈독한 신앙심을 예술 작품으로 드러내고 싶어 한 상류층이나 교회이기 때문이었다. 레오나르도 다 빈치는 밀라노의 수도원 회벽에 '최후의 만찬'을 그렸다. 제자 중 한 명이 자신을 팔 것이라는 사실을 알고 있는 예수는 슬픈 얼굴을 하고 있다. 두 손은 차분하게 식탁 위에 놓여 있다. 이제 빵과 와인에 대한 비유를 하려는지 컵과 빵 사이에 놓인 손은 가만히 빵과 와인을 가리키고 있는 것처럼 보인다. 예수와 제자들이 마지막으로 만났던 어느 날 저녁은 이렇게 형상화되었다.

그리스 시절 긴 수염을 휘날리던 모습으로 나타났던 디오니소스에 대한 예술가들의 인식은 바뀌었다. 르네상스를 거치면서 디오니소스는 다시 부활했다. 주신은 와인과 함께 예술가들의 영감을 불러일으키는 샘물이 되었다. 미켈란젤로는 미소년 풍의 바쿠스를 조각했다. 포도송이와 가지가 신의 특징을 드러내고 있다. 누드의 바쿠스는 술잔을 권하는 것처럼 보이며, 한 송이 포도를 들고 수행하는 어린 사티로스와 함께 있다. 아이의 눈에는 장난기가 서려 있다. 카라바조가 그린 바쿠스는 무척이나 퇴폐스럽다. 통통하고 술을 마셨는지 볼이 발간 바쿠스는 이전까지는 상상조차 하지 못하던 이미지였다. 가볍게 들어 올린 투명한 잔에는 와인이 넘실거리고, 쟁반에 담긴 과일들은 썩어 가고 있다. 이처럼 도발적인 바쿠스는 과거의 인식을 산산이 깨뜨리는 파격적인 존재였다. 이렇듯 와인을 바라보는 다양한 시각들은 예술가들의 손을 빌어 신의 모습으로, 예수의 모습으로, 혹은 귀족이나 농민, 신흥 부르주아들의 모습으로 구현되었다.

레오나르도 다 빈치는 이탈리아를 떠나 프랑스로 건너갔다. 이탈리아 르네상스의 영향력도 그의 뒤를 따르듯 유럽 각국으로 퍼져 나갔다. 다 빈치가 죽음을 맞이한 루아르 지방은 프랑스 르네상스 문화의 요람이기도 했다. 프랑스를 대표하는 작가 라블레가 루아르에서 태어났다는 사실도 우연만은 아닐 것이다. 그는 기존 개념들을 거부하고 풍자와 해학으로 경직된

사회를 비틀었다. 그가 창조해 낸 주인공 가르강튀아는 "마실 것!"을 외치면서 귀에서 태어났다. 가르강튀아는 바쿠스에 대한 비유이며, 프랑스에 재래한 디오니소스인 것이다. 와인은 "9월에 나는 포도즙"이요, "지하 창고의 성수聖水"로 표현된다. 와인은 사회를 풍자하는 창구이며, 와인에 취해 솔직해진 사람들은 사회제도를 까발린다. 고래로부터 인류는 와인을 즐겨 왔다. 그리고 필요로 했다. 왜냐하면 적어도 라블레에 의하면 "와인을 잃으면 이성과 법 모두를 잃게 되기 때문이었다."

자연은 해마다 다른 와인 맛을 선사한다. 비슷한 역사들이 되풀이 되지만 과거와는 약간씩 다른 점을 지니고 있듯이 와인은 자신이 만들어진 환경을 반영한다. 마지막 남은 한 잔의 와인은 우리가 미처 파악하지 못한 역사적 사실들처럼 아쉬움을 남긴다. 몰리에르의 대사는 그런 슬픔을 대변한다.

아름다운 병 속의 그대, 얼마나 달콤한가. 졸졸 따라 마시는 그대, 얼마나 달콤한가. 하지만 그대가 채워져 있음을 시기해야 하는 내 운명이여. 오, 나의 연인 술병이여. 그대는 왜 언제나 비어 있는가?

큰글자 살림지식총서 068

와인의 문화사

펴낸날	초판 1쇄 2013년 4월 12일
	초판 2쇄 2016년 12월 23일

지은이	고형욱
펴낸이	심만수
펴낸곳	(주)살림출판사
출판등록	1989년 11월 1일 제9-210호

주소	경기도 파주시 광인사길 30
전화	031-955-1350 팩스 031-624-1356
홈페이지	http://www.sallimbooks.com
이메일	book@sallimbooks.com

ISBN	978-89-522-2405-7 04080
	978-89-522-3549-7 04080 (세트)

※ 이 책은 큰 글자가 읽기 편한 독자들을 위해
   글자 크기 14포인트, 4×6배판으로 제작되었습니다.